Günter Sachse

Die schönsten Sagen der Griechen

omnibus

omnibus

OMNIBUS
ist der Taschenbuchverlag für Kinder
in der Verlagsgruppe Random House

FSC
Mix
Produktgruppe aus vorbildlich bewirtschafteten Wäldern und anderen kontrollierten Herkünften
Zert.-Nr. SGS-COC-1940
www.fsc.org
© 1996 Forest Stewardship Council

Verlagsgruppe Random House FSC-DEU-0100
Das für dieses Buch verwendete
FSC-zertifizierte Papier *Munken Print*
liefert Arctic Paper Munkedals AB, Schweden.

2. Auflage
Erstmals als OMNIBUS Taschenbuch Dezember 2005
Gesetzt nach den Regeln der Rechtschreibreform

Umschlagbild: Ludvik Glazer-Naudé
Innenvignetten: Manfred Rohrbeck
Umschlagkonzeption:
Basic-Book-Design, Karl Müller-Bussdorf
MP · Herstellung: CZ/SZ
Satz: Uhl + Massopust, Aalen
Druck und Bindung: GGP Media GmbH, Pößneck
ISBN 978-3-570-21620-0
Printed in Germany

www.omnibus-verlag.de

Inhalt

Götter und Helden

Götter und Menschen

Im hohen Olymp

Die Götter im alten Griechenland wohnten auf einem hohen Berg, dem Olymp. Dort oben, wo weder Schnee noch Regen fiel und kein Windhauch wehte, thronte Zeus als Höchster im Kreise der Götter. Von dort beherrschte er die Welt und lenkte die Geschicke der Menschen. Die Götter beschützten die Menschen und verlangten von ihnen Gehorsam und Verehrung.

Aber die Götter waren weder allmächtig noch unfehlbar. Oft hatten sie miteinander Streit, den der Göttervater Zeus schlichten musste. In Zorn und Leidenschaft konnten sie auch einmal Unrecht tun, doch machten sie es zumeist wieder gut. Einige verbanden sich auch mit Menschen und hatten Kinder mit ihnen, Söhne und Töchter, die Halbgötter waren und unter den Menschen hervorragten.

Die Herrschaft der Götter war nicht unumstritten. Sie musste in gewaltigen Kämpfen errungen und verteidigt werden. Zeus war erst zur Herrschaft gelangt, nachdem er seinen Vater Kronos und dessen Brüder, die Titanen, besiegt hatte.

So wie zuvor Kronos zusammen mit den Titanen seinen Vater Uranos gestürzt hatte.

Aber Gaia, die Urmutter Erde und Gemahlin des Uranos, gab keinen Frieden. Sie schickte den Drachen Typhon, ein Feuer speiendes, hundertköpfiges Ungeheuer, gegen den Sieger Zeus an. Ein schrecklicher Kampf entbrannte. Der Fels der Berge schmolz von den Flammen des Typhon und den Blitzen, die Zeus gegen ihn schleuderte. Es war, als wollte die Welt untergehen. Endlich lähmte Zeus das Ungeheuer durch einen Blitzstrahl und stürzte es hinab in die Unterwelt.

Nun rief Gaia die Giganten zum Kampf auf. Das furchtbare Geschlecht der Riesen brach aus der Unterwelt hervor, dass die Gestirne vor Schreck erblassten. Berge rissen sie aus der Erde und türmten sie aufeinander, um den Olymp zu erstürmen. Und die Himmlischen gerieten in große Not, weil der Zauber der Gaia die Giganten gegen die Waffen der Götter schützte.

Da rief Zeus seinen erdgeborenen Sohn zu Hilfe, den gewaltigen Helden Herakles, den die Römer später Herkules nannten. Mit ihm zusammen behielten die olympischen Götter die Oberhand.

Seitdem herrschte Zeus, der Göttervater, unangefochten über die Welt. Er teilte jedoch die Herrschaft mit seinen Brüdern: Poseidon erhielt die Gewalt über das Meer, Hades wurde der Herr der Unterwelt. Der olympische Zeus saß auf dem Himmelsthron.

Seine Gemahlin war Hera, sie schenkte ihm den Sohn Hephaistos, den Schmied der Götter, der das Feuer bewachte.

Seine Lieblingstochter war Pallas Athene, die Göttin der Klugheit. Aphrodite, die Göttin der Liebe und der Schönheit, war dem Schaum des Meeres entstiegen. Zeus' Kinder waren auch Phoibos Apollon, der Hüter des Gesetzes und der Ordnung, und seine Schwester Artemis, die Göttin der Jagd. Ares war der Gott der Schlachten, Helios der Sonnengott, Demeter die Hüterin des Ackerbaus und Hermes, der Götterbote, war auch der Schutzpatron der Kaufleute.

Die Himmlischen nährten sich von Nektar und Ambrosia, der Götterspeise, die ihnen ewige Jugend verlieh.

Prometheus

Himmel und Erde waren geschaffen. Das Meer wogte in seinen Ufern. In seinen Wassern spielten die Fische, die Luft war erfüllt von Vogelsang und der Erdboden trug zahllose Tiere. Aber noch fehlte das Geschöpf, in dessen Leib der Geist Wohnung nehmen konnte, um von ihm aus die Welt zu beherrschen.

Da betrat Prometheus die Erde.

Er entstammte dem alten Göttergeschlecht, das Zeus entthront hatte, und war ein Enkel des Uranos. Seinen erdgeborenen Vater, den Titanen Japetos, hatte Zeus für immer in die Unterwelt verbannt.

Prometheus, der die Klugheit und Erfindergabe seines Vaters geerbt hatte, wusste wohl, dass im Erdboden göttlicher Samen schlummerte. Darum formte er aus Ton eine Gestalt, ein Ebenbild der Götter, das er zum Herrn der Erde machen wollte. Um das Gebilde aus Ton zu beleben, entnahm er aus zahlreichen Tierseelen gute und böse Eigenschaften und schloss sie in die Brust seines Geschöpfes ein. Pallas Athene, die Göttin der Weisheit, bewunderte sein Werk. Sie hauchte dem halb beseelten Gebilde ihren göttlichen Atem ein und gab ihm den Geist.

So entstanden die ersten Menschen. Und sie pflanzten sich fort und füllten schließlich zahlreich das Erdenrund.

Aber lange wussten die Menschen von ihren göttlichen Gaben keinen rechten Gebrauch zu machen. Dumpf lebten sie dahin, hausten in Höhlen wie Tiere und dachten am Morgen nicht daran, was ihnen der Abend bringen würde.

Da nahm sich Prometheus seiner Geschöpfe an. Er lehrte sie die Kunst, Steine zu brechen, Holz zu fällen und zu behauen und daraus Häuser zu bauen. Er lehrte sie, den Aufgang und Untergang der Gestirne zu beobachten und den Wechsel der Jahreszeiten. Sie lernten von ihm das Zähmen von Tieren, das Pflügen mit Stieren und das Lenken von Rossen. Er lehrte sie, den Acker zu bestellen, das Korn zu mahlen und das Meer mit Schiffen zu befahren. Er zeigte ihnen das Erz im Schoß der Erde.

Nur eins fehlte den Menschen noch: das Feuer.

Diese Gabe aber konnte nur Zeus vergeben. Prometheus trat vor die Himmlischen, um als Anwalt der Menschen einen Bund mit den Göttern zu schließen: Diese sollten die Menschenkinder beschützen und die Menschen sollten die Götter verehren und ihnen gehorchen. Aber in seiner Verschlagenheit versuchte er, die Götter zu betrügen. Da ergrimmte Zeus und versagte den Menschen die Gabe des Feuers.

Doch auch dafür wusste der schlaue Titanensohn Rat. Er nahm einen dürren Zweig und näherte sich damit dem vorüberfahrenden Wagen des Sonnengottes Helios. Die Glut setzte den Zweig in Brand und Prometheus fuhr mit der brennenden Fackel zur Erde hernieder.

So kam das Feuer zu den Menschen.

Als Zeus überall auf der Erde die Menschenfeuer lodern sah, schmerzte es ihn; denn er sorgte sich, dass die Menschen zu viel Macht über die Welt bekämen. Da er ihnen das Feuer nicht mehr nehmen konnte, sandte er ihnen ein Übel: eine wunderschöne Jungfrau, die der kunstfertige Gott Hephaistos geschaffen hatte. Er nannte sie Pandora, die Allbeschenkte, weil jeder der himmlischen Götter ihr eine unheilvolle Gabe mit auf den Weg gegeben hatte. Diese Gaben trug sie in einer Büchse bei sich, die mit einem Deckel verschlossen war.

Zeus brachte die schöne Jungfrau Pandora zu Epimetheus, dem Bruder des Prometheus. Vergebens hatte Prometheus, dessen Name der »Vorausdenkende« bedeutet, seinen Bruder gewarnt, niemals ein Geschenk vom olympischen Zeus anzunehmen. Epimetheus, der »Nachdenkende«, erst spät Bedenkende, nahm die schöne Jungfrau nur gar zu gern auf und merkte zu spät, auf was er sich da eingelassen hatte.

Denn kaum war sie angenommen worden, da öffnete Pandora ihre Büchse. Sogleich strömten alle Übel hervor und verbreiteten sich mit Windeseile über die Erde. Ganz zuunterst lag als einzige gute Gabe die Hoffnung. Aber bevor sie herausflattern konnte, schlug Pandora, wie Zeus ihr befohlen hatte, den Deckel zu und verschloss die Büchse für immer.

Hatten die Menschen bisher frei von Not und Krankheit, von Sorge und Mühsal gelebt, so waren nun aus der Büchse der Pandora alle Übel in die Welt gekommen. Heimlich und schweigend, denn Zeus hatte ihnen keine Stimme verliehen, irrten sie umher und erfüllten Erde, Luft und Meer. Krankheit und Fieber umlagerten die Sterblichen, Gebrechen suchten sie heim und der Tod hielt reiche Ernte.

Darauf wandte sich Zeus mit seiner Rache gegen Prometheus. Er ließ ihn durch seine Knechte Kratos und Bia, den Zwang und die Gewalt, weit in die skythische Wildnis schleppen. Hoch oben in den Bergen des Kaukasus musste ihn der Gott Hephaistos an die Felswand schmieden. Mit unlösbaren Ketten über einem tiefen Abgrund hängend, konnte er niemals Schlaf finden oder auch nur das müde Knie beugen. Speise und Trank blieben ihm versagt. Täglich kam ein Adler und weidete sich an seiner Leber, die sich stets wieder erneuerte.

Prometheus litt furchtbare Qualen. Aber obwohl er oftmals Wolken und Winde, den Fels und die Gestirne als Zeugen seiner Pein anrief, blieb sein Sinn doch ungebeugt. Und ebenso hart blieb Zeus und erbarmungslos.

Dreißigtausend Jahre, so wollte es der Gott, sollte Prometheus dort an den Felsen des Kaukasus angeschmiedet bleiben. Es sei denn, dass einer käme und sich selbst anstelle des Verurteilen dort in Ketten legen ließe.

Doch die Erlösung kam für den Titanensohn früher als

erwartet. Denn nach einer langen Reihe von Jahren kam der Held Herakles des Weges, auf der Reise zu den Hesperiden und ihren Äpfeln. Als er den unglücklichen Prometheus in seiner Qual erblickte, empfand er Mitleid mit ihm. Mit seinem Pfeil erlegte er den Adler und er befreite den Gequälten aus seinen Ketten.

Die Menschengeschlechter

Aber das Menschengeschlecht des Prometheus war nicht das erste auf Erden. Lange vor ihm gab es andere Geschlechter, die kamen und gingen.

Die ersten Menschen, welche die Götter erschufen, waren ein goldenes Geschlecht. Sie lebten, solange Kronos am Himmel herrschte, ein sorgloses Leben fast wie die Götter. Mühsal und Arbeit kannten sie nicht. Die Last des Alters war ihnen so unbekannt wie Krankheit und Not. Allzeit gesund und rüstig, vertrieben sie sich die Zeit mit heiterem Spiel und Gelagen.

Die Götter liebten die Menschen des goldenen Geschlechts und schenkten ihnen auf reichen Fluren stattliche Herden. Die Erde bot ihnen ihre Früchte im Überfluss. Für sie hatte selbst der Tod keinen Schrecken; er kam zu ihnen wie ein sanfter Schlaf.

Als sich nach dem Ratschluss der Götter das Schicksal des goldenen Geschlechts erfüllt hatte und seine Menschen von der Erde verschwanden, wurden sie zu frommen Schutzgöttern. In Nebel gehüllt, wandelten sie über die Erde als Spender des Guten, Behüter des Rechts und Rächer aller Vergehen.

Hierauf erschufen die Unsterblichen ein zweites Menschengeschlecht, das silberne. Es unterschied sich sehr von dem ersten und glich ihm weder in Gestalt noch in Gesinnung. Volle hundert Jahre wuchs das Kind, von der Mutter gehegt und gepflegt, im Elternhaus auf, und wenn einer endlich zum Jüngling herangereift war, blieb ihm nur noch eine kurze Frist zum Leben.

Unvernunft und ungezügelte Leidenschaften stürzten diese Menschen ins Unglück. Sie frevelten gegeneinander und vernachlässigten die Götter. Deshalb nahm Zeus, der inzwischen den Himmelsthron in Besitz genommen hatte, dieses Geschlecht von der Erde hinweg. Weil sie aber zwar fehlerhaft, jedoch nicht ohne gute Eigenschaften waren, durften sie weiterhin als sterbliche Dämonen auf Erden wandeln.

Nun erschuf der Göttervater Zeus ein drittes Geschlecht, das war aus Erz. Unähnlich dem silbernen, war das eherne Geschlecht grausam, gewalttätig und hatte immer nur Krieg, Zank und Streit im Sinn. Sie verschmähten die Früchte des Feldes und ernährten sich nur von Tierfleisch. Ihr Starrsinn war hart wie Diamant, in ihren riesigen Körpern wohnten ungeheure Kräfte. Ihre Waffen waren aus Erz, ihre Wohnung war aus Erz, mit Erz bestellten sie das Feld; denn Eisen kannte man damals noch nicht.

Sie brachten sich gegenseitig um und mussten trotz ihrer Stärke doch dem schwarzen Tod unterliegen. So stiegen sie vom hellen Sonnenlicht hinab in die dunkle Unterwelt.

Als die Erde auch dieses Geschlecht eingehüllt hatte, brachte Zeus, der Sohn des Kronos, ein viertes Geschlecht hervor, dem er die nährende Erde zur Wohnung gab. Es war edler und gerechter als das vorige und wurde das Geschlecht der Heroen genannt. Dies sind die großen Helden der Vorzeit, die von den späteren Menschen als Halbgötter angesehen und verehrt wurden.

Zuletzt aber gingen auch sie in Zwietracht und Krieg unter, die einen vor den sieben Toren Thebens, die andern vor den Mauern Trojas. Doch hat ihnen Zeus am Rande des Weltalls, weit draußen im Ozean, die Inseln der Seligen zur Wohnung gegeben. Dort führen sie nach dem Tode ein glückliches und sorgenfreies Leben. Dreimal im Jahr bietet ihnen der fruchtbare Boden seine honigsüßen Früchte dar.

Das letzte Menschengeschlecht, das bis auf unsere Tage gekommen ist, wird das eiserne genannt. Sein Leben ist Mühe und Arbeit, am Ende steht Krankheit und Tod. Die Alten sehnen sich nach der vergangenen, die Jungen sehnen sich nach der neuen Zeit. Aber jedes Geschlecht hat seine Zeit, in der es zum Guten streben und darin sein Glück finden kann.

Die große Flut

Als das eherne Menschengeschlecht auf Erden hauste und Zeus, dem Weltbeherrscher, seine Untaten zu Ohren gekommen waren, beschloss er, selbst in Menschengestalt die Erde zu durchstreifen. Er fand, dass die Menschen noch schlechter waren als ihr Ruf, und nahm sich vor, das ruchlose Geschlecht von der Erde zu tilgen.

Schon wollte er Blitz und Donner niederfahren lassen; doch er fürchtete, den Äther in Flammen zu setzen und die Weltachse zu verbrennen. Deshalb legte er die Donnerkeile, die ihm die Kyklopen geschmiedet hatten, beiseite und beschloss, die Menschen durch einen ungeheuren Platzregen zu ertränken.

Auf der Stelle wurde der Nordwind, der die Regenwolken zu vertreiben pflegte, in die Höhlen des Windgottes Aiolos eingeschlossen und nur der Südwind losgelassen. Der flog mit triefenden Schwingen zur Erde hinab, pechschwarzes Dunkel verhüllte sein Antlitz. Schwer von Gewölk war sein Bart, aus seinen weißen Haaren troff das Wasser. Er packte die tief herabhängenden Regenwolken und presste sie aus.

Der Donner rollte, die Flut stürzte vom Himmel. Auch Poseidon, der Gott des Meeres, kam seinem Bruder bei dem Zerstörungswerk zu Hilfe. Er rief alle Flüsse zusammen und befahl ihnen: »Lasst eurer Strömung alle Zügel schießen, fallt in die Häuser, durchbrecht die Dämme!« Er selbst durchstach mit seinem Dreizack die Teiche und bahnte der rasenden Flut den Weg.

Die Ströme ergossen sich ins offene Land, überfluteten Felder und Wälder und rissen Tempel und Häuser ein. Und wo wirklich einmal ein Palast fest genug war und stehen blieb, versank er bald in der steigenden Flut.

Die Menschen suchten, sich zu retten, so gut sie konnten. Die einen trieben in Booten dahin, andere erklommen die höchsten Berge. Aber die meisten ereilte die Flut, und wer dem Wasser entging, starb den Hungertod auf einsamen Gipfeln. Land und Meer waren eins, überall dehnte sich die öde Wasserwüste aus.

In einem kleinen Schiff trieben zwei Menschen dahin, Deukalion, der Sohn des Prometheus, und Pyrrha, seine Frau. Kein Sterblicher war ihnen gleich an Rechtschaffenheit und Ehrfurcht vor den Göttern. Prometheus hatte sie, als er noch frei war, gewarnt und ihnen ihr Schiff gebaut, das dem Sturm und den Wogen trotzte.

Als nun Zeus vom Himmel herab die große Verwüstung betrachtete und von den abertausend Sterblichen nur noch dies eine Menschenpaar übrig geblieben sah, beide fromm und gottesfürchtig und ohne Schuld, da machte er ein Ende. Er sandte den Nordwind aus, der die schwarzen Wolken sprengte und den Nebel vertrieb. Er zeigte dem Himmel die Erde und der Erde den Himmel wieder. Auch Poseidon legte den Dreizack nieder und glättete die Wogen.

Das Meer erhielt seine Ufer wieder, die Flüsse kehrten in ihr Bett zurück. Die Wälder reckten ihre schlammbedeckten Wipfel aus dem Wasser, die Hügel folgten, dann breitete sich die Ebene aus und zuletzt war der Erdboden wieder da.

Deukalion blickte um sich. Das Land war verwüstet, ein Acker des Todes. Er hatte sein Schiff am Berg Parnassos angelegt. Tränen rollten ihm über die Wangen, als er zu seiner Frau Pyrrha sprach: »Weh uns, wir allein sind übrig geblieben, alle andern sind in der Wasserflut umgekommen! Was fangen wir Einsamen an? Ach, hätte mein Vater Prometheus mich nur die Kunst gelehrt, Menschen aus Erde zu formen und ihnen den Geist einzuhauchen!«

Weinend warfen sie sich vor dem halb zerstörten Altar der Themis auf die Knie und flehten die Göttin an: »Sag uns, Göttin, durch welche Kunst können wir unser untergegangenes Geschlecht wieder zum Leben erwecken? Hilf uns, Göttin, hilf der versunkenen Welt!«

Da ertönte die Stimme der Göttin: »Verhüllt euer Haupt und werft die Gebeine eurer Mutter hinter euch!«

Lange rätselten die beiden an diesem geheimnisvollen Götterspruch herum. Pyrrha brach zuerst das Schweigen. »Verzeih mir, Göttin«, rief sie, »wenn mir vor deinem Gebot graut. Aber wie kann ich dir gehorchen und das Andenken meiner Mutter verletzen?«

Aber Deukalion durchfuhr es wie ein Blitz: »Traue den Göttern«, sagte er, »sie verlangen keinen Frevel vom Menschen. Wenn ich das Wort richtig verstehe, dann ist unsere große Mutter die Erde, ihre Knochen sind die Steine. Und diese, Pyrrha, sollen wir hinter uns werfen.«

Sie taten, wie ihnen geheißen war, verhüllten ihr Haupt und warfen Steine hinter sich. Da geschah ein großes Wunder: Das Gestein verlor seine Härte, es wurde geschmeidig und nahm Gestalt an! Menschengestalt formte sich aus dem Stein, noch roh und unfertig, wie der Künstler zunächst die grobe Form aus dem Marmor meißelt. Was feuchte Erde war, wurde zu Fleisch, der harte Stein zu Knochen. Und bald waren aus den Steinen, die Deukalion geworfen hatte, männliche Wesen, aus den von Pyrrha geworfenen weibliche Wesen geworden.

Diesen seinen Ursprung verleugnet unser Geschlecht nicht: Es ist ein hartes Geschlecht, für Mühe und Arbeit geschaffen.

Perseus

Ein Sohn des Zeus

Einst erhielt Akrisios, der König von Argos, einen Orakelspruch, dass ihn ein Enkel um Thron und Leben bringen solle. Darum ließ er seine einzige Tochter, die Jungfrau war, in ein unterirdisches Gemach bringen und streng bewachen. So glaubte er, ohne Enkel zu bleiben.

Doch Zeus war in Liebe zu der schönen Danae entbrannt. Er nahte sich ihr in der Gestalt eines Goldregens, und sie schenkte ihm einen Sohn, den sie Perseus nannte.

Als der König Akrisios erfuhr, dass seine Tochter Danae ihm einen Enkel geboren hatte, raste er. Um dem Orakelspruch zu entgehen, ließ er Mutter und Kind in eine Kiste einschließen und ins Meer werfen. Aber Zeus schützte sie und ließ sie an der Küste der Insel Seriphos stranden. Dort fand Diktys sie beim Fischen und brachte sie vor den König, seinen Bruder Polydektes, der beide freundlich aufnahm.

Nicht lange darauf entflammte der König Polydektes in Liebe zu der schönen Danae und machte sie zu seiner Gemahlin. Perseus wurde mit aller Sorgfalt erzogen.

Als Perseus herangewachsen war und in sich die Kraft seiner göttlichen Herkunft spürte, wäre sein Stiefvater ihn gern losgeworden. Deshalb überredete er den jungen Helden, in die Welt hinauszuziehen und große Taten zu vollbringen.

Der mutige Jüngling war dazu gern bereit, und bald waren sie einig darüber, dass Perseus der furchtbaren Medusa das Haupt abschlagen und es dem König bringen solle.

Die Gorgo

Perseus machte sich auf und gelangte weit im Westen in ein Land, wo Phorkys hauste, der Vater vieler Ungeheuer. Unter seinen Töchtern waren die drei Graien oder Grauen, sie waren grauhaarig schon von Geburt an und hatten zusammen nur einen Zahn und ein Auge, die sie abwechselnd gebrauchten.

Ihnen nahm Perseus Zahn und Auge weg und zwang sie, bevor er ihnen beides zurückgab, ihm den Weg zu den Nymphen zu zeigen. Die Nymphen aber besaßen wundertätige Dinge, die sehr nützlich waren: ein Paar Flügelschuhe, mit denen man fliegen konnte, wohin man wollte, eine Tarnkappe aus Hundefell und einen unzerreißbaren Reisesack.

Perseus fand die Nymphen und nahm von ihnen Reisesack, Tarnkappe und Flügelschuhe. Hermes, der Götterbote, gab ihm ein Sichelschwert als Waffe. So ausgerüstet flog er gen Westen dem Ozean zu.

Dort, am Rande der Welt, hausten die drei Gorgonen, die

schrecklichsten unter den Töchtern des Phorkys. Nur eine von ihnen war sterblich. Medusa, deren Haupt Perseus holen wollte.

Er fand die drei Ungeheuer schlafend. Ihre Häupter waren mit Drachenschuppen bedeckt. Schlangen wuchsen ihnen statt der Haare, sie hatten große Hauer wie Wildschweine, Hände aus Erz und goldene Flügel. Was aber das Schlimmste war: Jeder, der sie ansah, wurde sogleich in Stein verwandelt.

Das wusste Perseus. Deshalb stellte er sich mit abgewandtem Gesicht vor die Schlafenden und fing in seinem ehernen, glänzenden Schild nur ihr Spiegelbild auf. Doch auch so erkannte er das Haupt der Medusa. Mit dem Sichelschwert schlug er dem schlafenden Ungeheuer das Haupt ab, wobei Athene ihm die Hand führte.

Kaum war das geschehen, als mit dem Blutstrahl aus dem Rumpf zwei Wesen entsprangen, das Flügelross Pegasus und der Riese Chrysaor. Beide waren Kinder des Meergottes Poseidon, die ihm Medusa schenkte.

Perseus aber hatte schon das Haupt der Medusa in den Reisesack getan und eilte davon. Inzwischen waren die beiden andern Gorgonen erwacht und sahen den Rumpf ihrer toten Schwester. Sofort erhoben sie sich auf ihren Fittichen, um den Räuber zu verfolgen. Den aber verbarg die Tarnkappe und sie konnten ihn nicht finden.

In den Lüften packten Perseus die Winde und schleuderten ihn wie eine Regenwolke bald hierhin, bald dorthin. Über den Sandwüsten Libyens rannen blutige Tropfen vom

Medusenhaupt auf die Erde nieder, aus denen sich sogleich bunte Schlangen emporringelten. Seitdem ist jene Gegend so reich an Nattern.

Weiter flog Perseus im Sturmwind bis in das Reich des Königs Atlas, der einen Hain voll goldener Früchte besaß und durch einen Drachen bewachen ließ. Perseus bat den König um Obdach, um von der Reise auszuruhen. Aber der König, der um sein Gold bangte, wies ihn unbarmherzig ab.

Zornig rief Perseus: »Nun, du willst mir nichts Gutes tun, so will ich dir wenigstens ein Geschenk machen!« Er öffnete seinen Reisesack, nahm mit abgewandtem Blick das Haupt der Medusa heraus und hielt es dem König entgegen.

Augenblicklich erstarrte die mächtige Gestalt des Königs Atlas zu Stein. Bart und Haupthaar wurden zu Wäldern, seine Glieder zu Bergrücken und Tälern. Sein Haupt ragte als steinerner Gipfel in die Wolken.

Perseus aber verschloss das Medusenhaupt wieder in seinem Reisesack, schnallte die Flügelschuhe an, setzte die Tarnkappe auf und erhob sich in die Lüfte.

Andromeda

Lange flog er gen Sonnenaufgang, bis er an die Küste Äthiopiens kam, wo König Kephus regierte. Plötzlich erkannte er an einer weit ins Meer ragenden, hohen Klippe eine herrliche Jungfrau, die dort angebunden war. Er glaubte, ein Marmorbild vor sich zu haben, da sah er, wie ein Lufthauch ihr Haar bewegte und eine Träne in ihrem Auge glitzerte. Fast hätte er vergessen, seine Schwingen zu rühren, so sehr bezauberte ihn ihre Schönheit.

Er flog näher und sprach sie an: Wer sie sei und warum sie hier in Fesseln schmachten müsse.

Lange schwieg das Mädchen und hätte wohl gern das Gesicht in den Händen verborgen, wenn sie sich hätte regen können. Endlich, damit der Fremde nicht glaubte, sie hätte schwere Schuld zu verbergen, sprach sie:

»Ich heiße Andromeda und bin die Tochter des Königs Kephus von Äthiopien. Meine Mutter Kassiopeia hat die Töchter des Nereus beleidigt, indem sie sich rühmte, schöner zu sein als sie. Die erzürnten Nymphen riefen den Meergott zu Hilfe, der eine Sturmflut und einen alles verschlingenden, riesigen Haifisch gegen unser Land ausschickte. Ein Orakelspruch verheißt uns Rettung, wenn ich, die Königstochter, dem Untier zum Fraß vorgeworfen werde. Das Volk in seiner Verzweiflung verlangt dieses Opfer und der König, mein Vater, ließ mich hier anbinden.«

Sie hatte kaum ihre Worte beendet, da rauschten die Wasser, und aus der Tiefe des Meeres tauchte das Scheusal auf. Sein riesiger Leib nahm weithin die Wasserfläche ein. Andromeda schrie auf. Ihre Eltern eilten herbei, jammernd und ohnmächtig zu helfen, die Mutter im Bewusstsein ihrer schweren Schuld.

»Keine Zeit zum Jammern!«, rief da Perseus, der Held. »Hört mich an: Ich bin Perseus, der Sohn des Zeus und der Danae. Ich habe die Gorgo besiegt, wunderbare Flügel tragen mich durch die Luft. Wäre eure Tochter frei, so wäre ich wohl wert, um sie zu werben. Jetzt will ich sie retten, wenn ihr sie mir zur Frau gebt. Wollt ihr das?«

Was gab es in solcher Lage zu bedenken? Freudig willigten die Eltern ein und der König versprach ihm auch noch das Königreich Äthiopien als Mitgift.

Indessen war das Untier nahe herbeigekommen und nur noch einen Steinwurf weit von der Klippe entfernt. Da schwang sich Perseus hoch in die Lüfte, stieß wie ein Adler auf das Scheusal hernieder, trat auf seinen Rücken und senkte ihm das Sichelschwert ins Genick. Bis an den Knauf stieß er es hinein, zog es wieder heraus und versenkte es abermals und immer wieder in dem riesigen Leib.

Hoch sprang der ungeheure Haifisch aus dem Wasser, tauchte tief hinab in die Flut und schoss wieder zum Himmel empor. Aber Perseus stand fest auf seinem Rücken und brachte ihm Wunde auf Wunde bei, bis sich ein roter Blutstrom aus dem Rachen des Ungeheuers ergoss.

Das Meer schwemmte die Leiche fort. Perseus aber schwang sich, die Schwingen schwer von Wasser, auf eine Klippe und von dort an Land. Eilends erklomm er den Felsen und befreite Andromeda, die ihn dankbar und mit liebevollen Blicken empfing, von ihren Fesseln. Dann brachte er sie den glücklichen Eltern und der goldene Palast empfing ihn als Bräutigam.

Doch die Hochzeit sollte ein schlimmes Ende nehmen. Noch dampfte das Festmahl, als sich plötzlich die Vorhöfe der Königsburg mit dumpfem, brausendem Getümmel füllten. Pineus, des Königs Bruder, war mit seinen Kriegern eingedrungen. Er hatte früher um Andromeda geworben, sie aber in der Stunde der Not im Stich gelassen. Nun, da sie frei war, forderte er sie.

Jetzt stand Pineus in der Halle, hinter ihm seine Krieger. Den Speer schwingend, rief er Perseus zu: »Sieh mich an, ich komme, mir die versprochene Braut zu holen. Weder deine Flügel noch dein Vater Zeus sollen dich vor mir schützen!«

Der König war aufgesprungen und rief: »Wo warst du, Pineus, als es galt, ihr Leben zu retten und das Scheusal zu töten? Warum hast du sie nicht von dem Felsen geholt, an den sie geschmiedet war? Nein, Perseus gehört der Preis, den er ehrlich errungen hat!«

Noch zögerte Pineus, auf wen er seinen Speer schleudern solle, auf den König oder den erfolgreichen Nebenbuhler. Denn alle Hochzeitsgäste waren ohne Waffen und ihren Feinden wehrlos preisgegeben. Dann warf er den Speer gegen Perseus.

Aber der Speer verfehlte sein Ziel und blieb im Polster stecken. Perseus riss ihn heraus und schleuderte ihn mit aller Kraft zurück. Und er hätte die Brust des Pineus durchbohrt, wenn sich dieser nicht hinter den Hausaltar geflüchtet hätte. So durchbohrte er die Stirn eines Gefolgsmannes und nun brach der Kampf überall los.

Die Gäste waren der Übermacht der Bewaffneten nicht gewachsen. Schon geriet Perseus, der sich schützend vor seine Braut und ihre Eltern gestellt hatte, in schwere Bedrängnis, so tapfer er auch kämpfte. Da griff er zu seinem letzten Mittel.

»Wer noch mein Freund ist«, rief er, »der wende sich ab!« Damit zog er aus seiner Reisetasche, die er stets bei sich trug, das Haupt der Medusa und streckte es mit abgewandtem Blick dem erstbesten Gegner, der auf ihn eindrang, entgegen.

»Such dir andere«, rief dieser verächtlich, »die auf deinen Schwindel hereinfallen!«, und holte zum Wurf mit dem Speer aus. Aber mitten in dieser Bewegung erstarrte er zu Stein wie eine Bildsäule. Und mit ihm erstarrten alle, die um ihn waren und den Blick auf das Medusenhaupt richteten.

Schließlich waren nur noch zweihundert übrig. Hoch hob Perseus nun das Haupt der Gorgo empor und verwandelte alle auf einmal in Stein. Entsetzen fuhr dem Pineus in alle Glieder. Wohin er auch blickte, sah er Stein, was er anfasste, war kalter Marmor, alle seine Freunde, deren Namen er rief, waren zu stummen Bildsäulen geworden.

»Gnade!«, rief er Perseus zu. »Dein sei die Braut, dein das Reich – nur lass mir mein Leben!«

Aber Perseus, der den Verräter verachtete, kannte kein Erbarmen. Er hielt ihm das Medusenhaupt entgegen. Und sosehr Pineus sich auch mühte, seinen Blick abzuwenden, er musste das Schreckensbild ansehen.

Und alsbald erstarrte seine Miene, sein feuchter Angstblick gefror zu Stein. So blieb er stehen, ein Bild der Angst und der Unterwürfigkeit, und wurde zur Bildsäule aus kaltem Marmor.

Perseus aber führte seine Geliebte heim, die schöne Andromeda. Lange, glückliche Jahre erwarteten ihn und er fand auch seine Mutter Danae wieder. Doch an seinem Großvater Akrisios sollte er das Verhängnis erfüllen, wie es das Orakel geweissagt hatte.

Aus Furcht vor dem Orakelspruch war Akrisios ins Land der Pelasger geflohen. Hier half er dem König, Kampfspiele auszurichten, als Perseus auf dem Wege nach Argos dort eintraf.

Gern nahm Perseus an den Wettspielen teil. Aber ein unglücklicher Wurf mit der Diskusscheibe aus seiner Hand traf seinen Großvater Akrisios und tötete ihn, ohne dass Perseus ihn kannte oder hätte treffen wollen.

Als Perseus erfuhr, was er getan hatte, fiel er in tiefe Trauer. Er bestattete seinen Großvater und vertauschte das Königreich Argos, das ihm durch dessen Tod zugefallen war, gegen die Herrschaft über Tiryns und Mykene. Von nun an verfolgte ihn der Neid des Geschickes nicht länger. Andromeda schenkte ihm viele Söhne und der Ruhm des Vaters lebte in ihnen fort.

Die Abenteuer des Herakles

Die Geburt

Herakles, den die Römer Herkules nannten, war der größte Heros, Held der Griechen. An dem Tage, an dem seine irdische Mutter Alkmene ihn zur Welt bringen sollte, rühmte sein Vater Zeus vor den Göttern des Olymp: »Heute wird ein Nachkomme des Perseus geboren, gewaltiger als alle Männer der Erde. Ihm wird die Herrschaft über Mykene gehören!«

Alkmene, eine Enkelin des Perseus, war mit dem Thebaner Amphitryon vermählt, der ein Sohn des Königs von Tiryns und Mykene und selbst ein Enkel des Perseus war. Während ihr Gatte auf einem Feldzug abwesend war, hatte sich Zeus mit Alkmene verbunden.

Aber Hera, die Gemahlin des Göttervaters, war eifersüchtig. Sie gönnte ihrer Nebenbuhlerin Alkmene den Sohn nicht. Es gelang ihr, seine Geburt so lange zu verzögern, bis ein anderer Perseusenkel geboren war: Eurystheus, der dadurch auf den Thron von Mykene gelangte.

Alkmene aber fürchtete den Zorn der Göttin Hera. Deshalb setzte sie ihr neugeborenes Kind an einem Platz aus, der noch in späteren Zeiten »Heraklesfeld« genannt wurde. Dort wäre der Säugling verschmachtet, wenn nicht, durch einen wunderbaren Zufall, gerade die Göttinnen Hera und Athene des Weges gekommen wären.

Athene war von dem lieblichen Kind entzückt, nahm es auf und bat Hera, ihm die göttliche Brust zu reichen. Doch der Knabe sog mit einer solchen Kraft daran, dass Hera ihn vor Schmerz fallen ließ. Athene hob ihn auf, trug ihn in die nahe Stadt und übergab ihn Alkmene als ein armes Findelkind.

Alkmene hatte ihr Kind auf den ersten Blick erkannt und es freudig in die Wiege gelegt. Aber auch Hera wusste inzwischen, wer an ihrer Brust gelegen und mit den wenigen Tropfen Göttermilch Unsterblichkeit eingesogen hatte. Sogleich beschloss sie, das Kind zu vernichten.

Sie schickte zwei große Schlangen aus, die durch die offene Tür in Alkmenes Schlafgemach krochen. Ehe die Dienerinnen und die schlafende Mutter es bemerkten, hatten sie sich an der Wiege emporgeringelt und legten sich dem Knaben um den Hals, um ihn zu erwürgen.

Mit einem Schrei erwachte der Knabe und griff nach dem unbequemen Halsband. Nun gab er die erste Probe seiner Götterkraft: Mit jeder Hand ergriff er eine Schlage am Genick und drückte zu, sodass die Tiere erstickten.

Die Dienerinnen, die auf den Schrei herbeigeeilt waren, standen starr in Schrecken und Furcht. Alkmene, die Mutter, war mit bloßen Füßen zur Wiege geeilt, rief um Hilfe, fand aber die Schlangen schon tot von der Hand ihres Kindes. Ebenso erging es dem Stiefvater Amphitryon, der staunend dastand, das Schwert in der Hand. Er wusste wohl von der Herkunft des Stiefsohnes, den er als ein Geschenk des Zeus betrachtete und liebte.

Ehrfurcht empfanden alle vor dem Wunder, dessen Zeugen sie geworden waren. Amphitryon rief den Seher Teiresias herbei, der den Eltern die große Zukunft des Knaben weissagte: Wie viel Ungeheuer zu Wasser und zu Lande er besiegen, wie er gegen die Giganten im Kampf bestehen und wie er endlich, nach allen Abenteuern und großen Taten auf Erden, unsterblich zu den Göttern auffahren werde.

Die Erziehung

Als Amphitryon aus dem Munde des Sehers vernommen hatte, welches Geschick dem Knaben beschieden war, beschloss er, ihm eine würdige Erziehung zu geben. Er rief von nah und fern die besten Lehrer herbei, die in allen Künsten und Wissenschaften das Höchste leisteten.

In der Kunst des Wagenlenkens unterwies ihn der Stiefvater Amphitryon selbst. Im Bogenschießen und Fechten, im Ringen und im Faustkampf unterrichteten ihn die größten Meister. Die Kunst der offenen Feldschlacht war ein besonderes Fach. Gesang und das Spiel auf der Leier wurden nicht vergessen. Lesen und Schreiben lehrte ihn der greise Linos, ein Sohn des Gottes Apollon.

Herakles war ein gelehriger Schüler. Nur Ungerechtigkeit konnte er nicht ertragen. Als ihn der sauertöpfische alte Linos einmal zu Unrecht mit Schlägen bestrafte, warf der Knabe ihm seine Leier an den Kopf. Der Alte stürzte tot zu Boden.

Herakles, der seine unbedachte Tat sogleich bereute, wurde vor Gericht gestellt. Aber der Richter, ein wegen seiner Gerechtigkeit berühmter Mann, sprach ihn frei. Er habe, so lautete sein Spruch, in Selbstverteidigung gehandelt. Deshalb brauchte das Gesetz der Blutrache nicht wirksam zu werden.

Aber Amphitryon befürchtete, der bärenstarke Knabe könne sich leicht ähnliche Gewalttaten zu Schulden kommen lassen. Deshalb schickte er ihn aufs Land zu seinen Rinderherden. Dort draußen in der freien Natur wuchs der Knabe heran und übertraf bald alle an Körperkraft und Größe. Seine Augen blitzten wie Feuer, nie verfehlte er beim Speerwurf und beim Bogenschießen sein Ziel. Mit achtzehn Jahren war er, der Zeussohn, der schönste und stärkste Mann in ganz Griechenland.

Nun musste er sich entscheiden, ob er seine gewaltige Kraft zum Guten oder zum Bösen gebrauchen wollte.

Herakles am Scheidewege

Um diese Zeit verließ Herakles Herden und Hirten und begab sich in eine einsame Gegend. Er wollte mit sich allein sein, um sich über sein weiteres Leben klar zu werden.

Als er nun so dasaß und seinen Gedanken nachhing, sah er auf einmal zwei Frauen auf sich zukommen. Beide waren von hoher Gestalt, aber ganz verschieden in ihrem Aussehen. Die eine war schlicht in ein weißes Gewand gekleidet, ihre Art war vornehm, ihr Wesen bescheiden und zurückhaltend. Die andere dagegen trug sich auffallend in bunten Farben, sie war stark geschminkt und parfümiert. Ihr Auftreten war aufreizend und unbescheiden.

Während die beiden Frauen näher kamen, schritt die erste ruhig ihres Weges; die zweite aber lief auf den Jüngling zu und sprach ihn an:

»Wie ich sehe, Herakles, hast du dich noch nicht entschieden, welchen Weg du gehen willst in deinem Leben. Wenn du mich zur Freundin wählst, wirst du alle Annehmlichkeiten des Lebens genießen. Keine Freude, keine Lust soll dir versagt bleiben, allen Unannehmlichkeiten gehst du aus dem Wege. Um Krieg und Geschäfte brauchst du dich nicht zu kümmern; du sollst vor allem immer gut essen und trinken, im weichen Bett schlafen und das Leben genießen. Lass andere für dich arbeiten, sieh nur auf deinen Vorteil, wie es meine Freunde alle tun.«

Verwundert sah Herakles die Frau an, die ihm so verlockende Versprechungen machte. Er fragte sie: »Wie ist denn dein Name?«

»Meine Freunde«, antwortete sie, »nennen mich die Glückseligkeit; meine Feinde, die mir übel wollen, haben mir den Namen ›das Laster‹ gegeben.«

Inzwischen war auch die andere Frau hinzugekommen.

»Auch ich komme zu dir, Herakles«, sagte sie, »denn ich kenne deine Eltern, deine Anlagen und deine Erziehung. Deshalb hoffe ich, dass du Großes im Guten vollbringen wirst, wenn du meinem Weg folgst. Aber ich will nicht vom Genießen reden, sondern von dem, was die Götter wollen. Denn du musst wissen, dass die Götter dem Menschen nichts ohne Mühe und Arbeit gewähren. Willst du, dass sie dir gnädig sind, so musst du sie verehren. Willst du Freunde gewinnen, so musst du ihnen Gutes tun, willst du in deinem Vaterland angesehen sein, so musst du ihm dienen und nützen. Denn: Wer ernten will, muss säen, und wer über andere herrschen will, muss zuerst sich selbst beherrschen …«

Hier fiel ihr das Laster ins Wort: »Siehst du wohl, Herakles«, rief sie, »was für einen langen und mühseligen Weg sie dich führen will? Ich dagegen bringe dich auf dem kürzesten und bequemsten Wege zur Glückseligkeit! Deswegen folge mir!«

»Elende«, erwiderte die Tugend, denn sie war es, »was kann von dir Gutes kommen? Was ist das für ein Leben, das du anzubieten hast? Genießen, ohne dafür gearbeitet zu haben, trinken, ohne durstig, essen, ohne hungrig zu sein; nachts feiern und den besten Teil des Tages verschlafen; seine Jugend vertrödeln und im Alter in Schmutz und Armut verkommen – ein solches Leben soll glücklich machen? Nein, es wird jedem Ekel bereiten, der ihm verfällt.

Warum vergisst du zu sagen, dass die Götter dich verstoßen haben und die guten Menschen dich verachten? Dass du nie ein Wort des Lobes gehört hast und nie stolz sein durfest auf deine eigene Leistung?

Mich aber lieben die Götter und achten die Menschen. Jung und Alt nennen meinen Namen mit Ehrfurcht, Arm und Reich gelten vor mir gleich, sofern sie mir nacheifern. Wenn du mir folgst, Herakles, nimmst du Mühe und Arbeit auf dich, aber du wirst ein großer Held werden, dein Name wird berühmt sein für alle Zeiten!«

Kaum hatte die Tugend ihre Worte beendet, da waren die beiden Gestalten plötzlich verschwunden.

Herakles aber beschloss, den Weg der Tugend zu gehen.

Die ersten Taten

Dazu fand sich schon bald Gelegenheit. Damals war Griechenland noch voll von Wäldern und Sümpfen, in denen wilde Tiere hausten, grimmige Löwen und wütende Eber und andere. Aber auch Räuber und Wegelagerer machten das Land unsicher. Und die alten Helden konnten sich kein größeres Verdienst erwerben, als wenn sie das Land von solchen Ungeheuern befreiten.

Auch Herakles sah darin seine Aufgabe. Als er nach Hause zurückkehrte, hörte er, dass ein furchtbarer Löwe die Rinder seines Stiefvaters Amphitryon riss. Sogleich nahm er seine Waffen und brach auf ins Gebirge, um den Löwen zu erlegen. Er folgte der Blutspur der frisch gerissenen Beute, erschlug den Löwen, warf sich sein Fell als Mantel um und setzte das Löwenhaupt als Helm auf.

Auf dem Heimweg begegnete er den Herolden des Königs

Erginos, dessen Reich an das der Thebaner grenzte. Sie wollten, wie jedes Jahr, einen schimpflichen Tribut von den Thebanern eintreiben, die sie im Kriege besiegt und unterworfen hatten.

Herakles, der sich von der Tugend zum Anwalt aller Unterdrückten berufen fühlte, war ohnehin empört über die Last der Tributpflicht. Außerdem war bekannt, dass sich die Sendboten des Königs Erginos allerlei Übergriffe erlaubten, auf ihrem Wege Bauern misshandelten und ihnen einfach wegnahmen, was ihnen begehrenswert erschien.

Mit diesen Boten war Herakles bald fertig. Er überwältigte sie in kurzem Kampf, schnitt ihnen die Ohren ab und schickte sie mit einem Strick um den Hals ihrem König zurück.

Der aufgebrachte König Erginos verlangte die sofortige Auslieferung des Übeltäters. Und Kreon, der König der Thebaner, wollte vor Angst seine Forderung erfüllen. Da rief Herakles eine Menge mutiger junger Männer auf, mit ihm gegen den Feind zu ziehen. Aber in ganz Theben war keine einzige Waffe zu finden, weil die Truppen des Königs Erginos die Stadt entwaffnet hatten, um einen Aufstand unmöglich zu machen.

Doch nun rief Athene Herakles in ihren Tempel und gab ihm ihre eigenen Waffen. Die übrigen Jünglinge aber griffen zu den Beutewaffen, die an den Tempelwänden als Gaben ihrer Vorfahren an die Götter aufgehängt waren.

So ausgerüstet zog Herakles mit seiner kleinen Schar dem Feind entgegen. In einem Engpass bezog er Stellung, um der

Übermacht der Feinde standhalten zu können. Die Schlacht entbrannte, und Herakles focht mit seinen Mannen so tapfer, dass das ganze feindliche Heer aufgerieben wurde. Der König Erginos selbst fiel, aber auch Amphitryon fand dabei den Tod. Herakles drang bis in die feindliche Hauptstadt vor und zerstörte sie samt der Königsburg durch Feuer.

Ganz Griechenland bewunderte den Helden. Der Thebanerkönig Kreon gab ihm seine Tochter Megara zur Frau und die Götter selbst beschenkten den siegreichen Halbgott: Hermes gab ihm ein Schwert, Apollon Pfeile, Hephaistos einen goldenen Köcher und Athene einen Waffenrock. Herakles verlebte mit seiner Frau Megara, die ihm drei Söhne schenkte, glückliche Jahre in Theben.

Der Kampf mit den Giganten

Es dauerte nicht lange, da konnte sich Herakles den Göttern dankbar erweisen. Gaia, die Urmutter Erde, hatte ihre Söhne, die Giganten, zum Kampf gegen den Weltbeherrscher Zeus aufgerufen.

»Geht hin«, rief sie ihnen zu, »und rächt mich und die alten Götterkinder! An Prometheus frisst der Adler, Atlas muss den Himmel tragen, die Titanen liegen in Banden. Geht, rächt, rettet sie! Nehmt meine eigenen Glieder, die Berge, zu Hilfe, macht euch Stufen daraus und ersteigt die hohe Burg der Tyrannen! Du, Alkyoneus, reiß dem Gewaltherrscher Zeus Zepter und Blitz aus der Hand! Ein anderer soll

Poseidon aus dem Meer verjagen. Der soll dem Sonnengott die Zügel entreißen und du eroberst das Orakel von Delphi!«

Bei diesen Worten sahen sich die Riesen schon als Sieger und Herren des Olymp. Jubelnd brachen sie aus der Unterwelt hervor und zogen mit Getöse den thessalinischen Bergen zu, um von dort aus den Himmel zu erstürmen.

Inzwischen hatte die Götterbotin Iris die Himmlischen zusammengerufen.

»Versammelte Götter«, redete Zeus sie an, »seht, wie die Erde abermals ihre Brut gegen uns aufhetzt. Auf, vernichtet sie, lasst uns siegen in diesem letzten großen Kampf!«

Als der Göttervater geendet hatte, ertönte die Wetterposaune vom Himmel, und Gaia drunten antwortete mit tosendem Erdbeben. Die Natur geriet in Verwirrung wie in den Tagen der Schöpfung; denn die Giganten rissen einen Berg nach dem andern aus seinen Wurzeln oder brachen die Gipfel ab, um sie zu riesigen Stufen aufeinander zu türmen, über die sie den Olymp erklommen. Brennende Wipfel von Eichen und große Felsstücke schwingend, setzten sie zum Sturm auf die Wohnung der Götter an.

Den Göttern aber war vom Orakel geweissagt worden, dass die Himmlischen keinen der Giganten vernichten könnten. Nur wenn ein Sterblicher auf ihrer Seite mitkämpfe, könnten sie diese Feinde besiegen.

Gaia aber hatte dies erfahren, und sie suchte nun nach einem Mittel, das ihre Söhne auch Sterblichen gegenüber unverwundbar machen sollte. Tatsächlich war ein solches Kraut gewachsen. Doch Zeus kam ihr zuvor: Er verbot der Morgenröte, dem Mond und der Sonne zu scheinen. Und während Gaia in der Finsternis umherirrte und suchte, schnitt Zeus eilig das Wunderkraut ab und ließ durch Athene seinen Sohn Herakles auffordern, am Kampf gegen die Giganten teilzunehmen.

Inzwischen war auf dem Olymp der Kampf schon entbrannt. Mit wiehernden Rossen lenkte Ares seinen Kriegswagen mitten in die anstürmenden Feinde. Sein goldener Schild brannte heller als Feuer, schimmernd flatterte die Mähne seines Helmes. Doch so viel Feinde er auch durchbohrte, zu Boden warf und mit den Rädern seines Wagens zermalmte – sie starben erst, als Herakles auf dem Kampffeld erschien.

Er warf einen Blick in die Runde und suchte sich ein Ziel für seinen Bogen: Alkyoneus war es, den sein erster Pfeil niederstreckte. Er stürzte hinab in die Tiefe, aber sobald er den Heimatboden berührte, erhob er sich wieder mit neuer Lebenskraft. Da stieg, auf Anraten der Götter, auch Herakles hinab zur Erde, schleppte den gestürzten Riesen über die Grenzen seines Geburtslandes in eine fremde Gegend – und alsbald starb Alkyoneus.

Gleich darauf rannte mit funkelnden Riesenaugen ein anderer Gigant gegen ihn an.

»Das sind die besten Zielscheiben für unsere Pfeile!«, rief Herakles lachend dem Gott Phoibos Apollon zu, der neben ihm kämpfte. Und der Held schoss dem Riesen das linke, der Gott schoss ihm das rechte Auge aus.

Dionysos schlug mit dem Stab um sich, Hephaistos warf glühende Schlacke unter die Angreifer. Pallas Athene schleuderte gar die ganze Insel Sizilien auf einen der Giganten. Und wohin die Pfeile des Herakles nicht gelangten, da fuhr Zeus mit Blitzen hernieder und zerschmetterte die Feinde. So errangen die Himmlischen endlich den Sieg.

Zeus nannte alle Götter, die sich am Gigantenkampf beteiligt hatten, von da an »Olympier«, um damit die Tapferen von den Feigen zu unterscheiden. Zum Dank für seine Hilfe erhielt auch Herakles diesen Ehrennamen.

Herakles und Eurystheus

Weil er durch Heras Eingreifen früher als Herakles geboren war, wurde Eurystheus König zu Mykene und Tirnys im Argiverland. Dadurch wurde Herakles ihm untertan.

Mit Sorge sah Eurystheus, dass Herakles immer mehr Ruhm und Ansehen gewann. Deshalb rief er ihn als seinen Untertan zu sich, um ihm eine Reihe von schweren und gefährlichen Arbeiten aufzutragen.

Zunächst weigerte sich Herakles, diesem Ruf zu folgen. Aber sein Vater Zeus selbst befahl ihm, dem König der Argiver Dienste zu leisten. Herakles, der sich nicht entschließen konnte, einem Sterblichen dienstbar zu sein, befragte das Orakel von Delphi. Er erhielt die Antwort:

»Zwar ist Eurystheus früher geboren und deshalb König, aber dein Los, Herakles, kann gebessert werden. Wenn du die zehn Arbeiten, die der König der Argiver dir auferlegt, vollbringst, wirst du unsterblich werden!«

Herakles fühlte sich erniedrigt und verfiel in Schwermut. Dass er einem Geringeren dienen sollte, brachte ihn immer mehr in Zorn. Schließlich geriet er in Raserei. In dem Wahn, er kämpfe gegen Giganten, erschoss er seine eigenen Kinder. Als er wieder zu sich kam und sah, was er angerichtet hatte, schloss er sich in tiefster Verzweiflung in seinem Haus ein. Nach einer Zeit der Einkehr und Besinnung entschied er sich dafür, zur Sühne dem König Eurystheus zu dienen.

Der Kampf mit dem Löwen

Als erste Arbeit trug ihm Eurystheus auf, das Fell des Nemeischen Löwen herbeizuschaffen. Dieses Ungeheuer, das in den Wäldern des Peloponnes hauste, war durch keine menschliche Waffe verwundbar.

Herakles trug den Köcher auf dem Rücken, als er in den Bergwald eintauchte, den Bogen in der einen, seine Keule in der andern Hand. Sobald er in den Wald von Nemea gelangte, spähte er aufmerksam umher, das reißende Tier zu entdecken. Es war Mittag und nirgends konnte er eine Spur erkennen. Weit und breit war keine Menschenseele zu erblicken – alle hielt die Furcht vor dem Löwen fern in ihren Häusern und Gehöften.

Endlich, es ging schon auf den Abend zu, kam der Löwe den Pfad entlanggelaufen. Er war von Mord gesättigt, von seinen Lefzen troff das Blut der gerissenen Rinder.

Herakles verbarg sich eilig im Gebüsch. Als der Löwe vorüberkam, schoss er ihm einen Pfeil in die Flanke. Doch das Geschoss prallte wirkungslos ab und fiel zu Boden.

Der Löwe blieb stehen, spähte nach allen Seiten und riss seinen blutigen Rachen auf, in dem die furchtbaren Zähne sichtbar wurden. Dabei streckte er dem Jäger die Brust entgegen, der sogleich einen Pfeil abschoss, um ihn ins Herz zu treffen. Aber auch dieser Pfeil drang nicht einmal ins Fell des Untiers ein, sondern fiel ihm zu Füßen nieder.

Gerade wollte Herakles den dritten Pfeil abschießen, als der Löwe ihn entdeckte. Er duckte sich zum Sprung, sträubte die Mähne und ließ ein furchtbares Fauchen hören.

Da warf der Jäger Pfeil und Bogen von sich, schwang die Keule mit beiden Händen und schlug mit aller Kraft zu. Er traf die Bestie mitten im Sprung in den Nacken, dass sie zu Boden stürzte, auf die zitternden Pranken fiel und mit dem Kopf wackelte.

Ehe das Untier wieder zu Atem kam, schlang Herakles die Arme um seinen Nacken und drückte ihm die Kehle zu, bis es erstickte und sein Leben aushauchte. Lange versuchte er vergeblich, ihm das Fell abzuziehen, aber weder Eisen noch Stein drang ein. Schließlich kam er auf den Gedanken, es mit den Löwenklauen selbst abzuweiden – und siehe da, es gelang.

Nun legte Herakles sich das Fell des Nemeischen Löwen als Mantel um, setzte das Löwenhaupt als Helm auf und machte sich auf den Weg nach Tiryns, der Residenz des Königs Eurystheus. Der aber kriegte es mit der Angst zu tun, versteckte sich und ließ seinem Untertan Herakles von nun an seine Befehle durch einen Boten überbringen.

Die Hydra

Die zweite Arbeit, die der König Eurystheus dem Helden Herakles auftrug, war, die furchtbare Hydra zu erlegen. Die Hydra war ein riesiges Untier, eine Schlange mit neun Köpfen, von denen der mittlere unsterblich war. Sie hauste im Sumpf von Lerna, südlich von Argos, zerriss das Vieh auf den Weiden und verwüstete die Felder.

Herakles zögerte nicht einen Augenblick, diese Aufgabe zu lösen. Er nahm seinen Neffen Jolaos mit, der lange Zeit sein Gefährte blieb, bestieg seinen Wagen und fuhr eilig nach Lerna.

Eine ganze Zeit lang suchten die beiden vergeblich nach der Hydra. Schließlich entdeckten sie das Ungeheuer auf einem Hügel, wo es sich sonnte. Aber sobald sich der Wagen näherte, zog es sich in seine Höhle zurück, die am Fuß des Hügels neben einer Quelle lag.

Jolaos, der Rosselenker, hielt an, Herakles sprang vom Wagen, entfachte ein Feuer und schoss so lange brennende Pfeile in den Schlupfwinkel, bis die Hydra zischend herausfuhr. Ihre neun Köpfe pendelten drohend hin und her und fuhren auf Herakles los, als er in ihre Reichweite kam.

Doch der Held zerschmetterte einen Kopf nach dem andern mit seiner Keule. Nur konnte er nicht zum Ziel kommen, weil sofort zwei neue Köpfe aus dem Leib der Riesenschlange hervorwuchsen, wo er einen zerschlagen hatte. Zu allem Überfluss kam der riesige Krebs Karkinos aus der Höhle hervor, der mit seinen Scheren Herakles am Fuß fasste.

Der Held traf den Krebs mit seiner Keule, dass er krachend zerbarst. Dann rief er Jolaos zu Hilfe, hieß ihn das Feuer vergrößern und glühende Scheite überall dort wie Pfähle in den Rumpf der Hydra treiben, wo neue Köpfe hervorkeimten.

Auf diese Weise wurde er des Ungeheuers Herr und schlug ihm nun auch das letzte, das unsterbliche Haupt ab. Er vergrub es sofort am Waldrand und wälzte einen Felsblock darüber. Den Rumpf der Hydra spaltete er in zwei Teile und tauchte seine Pfeile in ihr Blut, das giftig war. Seitdem schlugen seine Geschosse unheilbare Wunden. Dann kehrte er nach Tirnys zurück.

Die Hirschkuh

Dort erwartete ihn bereits ein neuer Auftrag. Auf einem Hügel Arkadiens weidete eine wunderbare Hirschkuh, die sollte Herakles lebendig fangen. Es war ein herrliches Tier, sein Geweih war aus purem Gold, seine Hufe aus Erz. Zeus selbst hatte sie einst zusammen mit vier anderen Hirschkühen ausgewählt, als die Göttin Artemis ihre erste Jagdprüfung ablegte. Während die Übrigen von der Jägerin zur Strecke gebracht wurden, durfte sie allein in die Wälder entkommen. Denn an ihr, so war es bestimmt, sollte sich einst der Held Herakles müde jagen.

Ein ganzes Jahr lang verfolgte er das schöne Wild über Berg und Tal, kreuz und quer durch ganz Griechenland, konnte es aber nicht ergreifen. Endlich wusste er sich nicht anders zu helfen, als es mit dem Pfeil lahm zu schießen. Dann lud er das Tier auf seine Schultern und trug es durch ganz Arkadien heimwärts. Unterwegs begegnete ihm die Göttin Artemis, schalt ihn, dass er ein ihr geweihtes Tier töten wolle, und machte Miene, ihm die Beute zu entreißen.

»Verzeih mir, Göttin«, erwiderte Herakles, »ich konnte nicht anders handeln. Denn wie sollte ich wohl sonst vor Eurystheus bestehen, dem ich nach dem Willen meines Vaters Zeus diene?«

Das musste die Göttin einsehen und Herakles brachte das edle Wild lebendig nach Tiryns.

Die Vögel und der Eber

Doch sogleich musste Herakles wieder aufbrechen, um seine vierte Arbeit zu vollbringen. Diesmal ging es darum, die riesigen Raubvögel zu verjagen, die rings um den See Stymphalos in Arkadien hausten und Menschen und Vieh überfielen und töteten. Ihre Klauen und Schnäbel waren aus Eisen, sie konnten mit ihnen eherne Panzer durchschlagen. Ihre großen Federn konnten sie wie Pfeile abschießen.

Als Herakles am See ankam, sah er riesige Mengen der großen Vögel in einem Wald versammelt, der sich weithin am Ufer erstreckte. Lange stand der Held ratlos und wusste nicht, wie er einer solchen Unzahl beikommen sollte.

Da verspürte er eine Hand auf seiner Schulter, wendete sich um und gewahrte die Göttin Athene, die ihm ein Paar große Klappern übergab. Der Gott Hephaistos hatte sie eigens dafür gefertigt, die stymphalischen Vögel zu verjagen.

Und wirklich – als Herakles einen nahe gelegenen Hügel erstieg und die Klappern aneinander schlug, entstand ein so entsetzlicher Lärm, dass sich die Vögel vor Schreck wie eine riesige Wolke erhoben und davonflogen. Herakles erlegte mit seinen Pfeilen eine Menge von ihnen. Die Übrigen verließen die Gegend und kamen nicht wieder.

Die nächste Arbeit des Herakles, die ihm Eurystheus auftrug, war nicht minder schwer: Er sollte einen gewaltigen Eber, der die Gegend um den Berg Erymanthos unsicher machte, lebendig herbeischaffen. Das Untier hatte schon viele friedliche Bauern auf ihren Feldern getötet.

Herakles machte sich auf den Weg. Eines Abends kehrte er bei einem Kentauren namens Pholos ein, der wie alle Kentauren halb Mensch, halb Pferd war. Pholos empfing seinen Gast sehr freundlich und setzte ihm einen saftigen Braten vor, während er selbst das Fleisch roh verzehrte.

Als jedoch Herakles seinen Gastgeber um einen guten Trunk bat, wurde Pholos verlegen. »Ich habe zwar ein gutes Fass Wein im Keller liegen«, sagte er bekümmert, »aber es gehört nicht mir allein, sondern allen Kentauren gemeinsam. Und ich fürchte sehr, wenn ich es öffne, werden meine Genossen wild – und sie fragen dann wenig nach dem Gastrecht!«

»Das macht nichts«, erwiderte Herakles, »mit denen werde

ich schon fertig. Öffne das Fass ruhig. Ich habe einen mächtigen Durst.«

Aber kaum hatte Pholos das Fass angestochen, da rochen die Kentauren den Duft des kräftigen alten Weines. Von allen Seiten strömten sie herbei und drangen, mit Felsblöcken und Baumstämmen bewaffnet, in die Höhle des Pholos ein.

Herakles empfing sie mit glühenden Scheiten, jagte sie hinaus und verfolgte sie mit Pfeilschüssen, dass sie in alle Winde flohen. Dann kehrte er zurück und fand seinen Gastgeber Pholos tot am Boden liegen. Er hatte einem toten Kentauren den Pfeil aus der Wunde gezogen, weil er sich darüber wunderte, dass ein so kleines Geschoss so große Geschöpfe umwerfen konnte. Dabei war ihm der mit dem Blut der Hydra vergiftete Pfeil aus der Hand geglitten und hatte ihn leicht am Fuß geritzt. In wenigen Augenblicken war er tot gewesen.

Traurig begrub Herakles seinen Gastfreund. Dann ging er weiter, um den Eber zu suchen. Er fand ihn schließlich im dunkelsten Dickicht des Waldes und trieb ihn mit lautem Geschrei aufs freie Feld hinaus. Dann hetzte er das Tier so lange durch den tiefen Schnee, bis es vor Erschöpfung in die Knie brach. Herakles fesselte den Eber mit Stricken, lud ihn sich auf die Schultern und brachte ihn lebend nach Mykene. Damit war auch seine fünfte Arbeit getan.

Der Stall des Augias

Nun hatte sich der König Eurystheus eine Arbeit ausgedacht, die eines Helden wahrhaft unwürdig war, denn er wollte Herakles damit demütigen. Er trug ihm auf, den großen Rinderstall des Augias auszumisten, und zwar an einem einzigen Tage.

Augias war König in Elis und besaß riesige Herden, die nicht weit von seinem Palast in einem ummauerten Hof unter freiem Himmel standen. Dort hatte sich jahrelang der Mist von dreitausend Rindern angesammelt, den Herakles nun an einem Tage wegschaffen sollte!

Als der Held vor den König Augias trat und ihm aus freien Stücken anbot, diese Knechtsarbeit zu leisten – von seinem Auftraggeber erwähnte er nichts –, da schüttelte der König den Kopf und konnte sich das Lachen kaum verkneifen. Eine Gestalt wie ein Gott, ein Löwenfell um die Schultern, und bot sich zu solcher Dreckarbeit an! Gewiss war er nur aufs Geld aus, aber er sollte sich täuschen! Listig sagte er:

»Nun gut, junger Mann, mir soll es recht sein. Und wenn es dir gelingt, die Arbeit an einem Tag zu vollenden, dann soll jedes zehnte Rind dir gehören.« Das schafft er nie!, dachte er bei sich.

Herakles willigte in den Handel ein. Aber wenn der König Augias dachte, er werde nun die Mistgabel schwingen, so hatte er sich getäuscht. Herakles brach zwei Öffnungen in die Mauer des Viehhofs, leitete die Wasser des nahen Flusses auf der einen Seite hinein und auf der anderen wieder hinaus, sodass der ganze Mist einfach weggespült wurde. So schaffte er die Arbeit leicht an einem Tage, ohne den Mist auch nur anzufassen.

Als der König Augias dies sah und zudem noch erfuhr, dass Eurystheus den Auftrag gegeben hatte, verweigerte er Herakles seinen Lohn, ja er bestritt sogar, ihn versprochen zu haben. Doch war er bereit, sich einem Schiedsgericht zu unterwerfen.

Da trat sein eigener Sohn Phyleus gegen ihn auf und bezeugte, dass Herakles im Recht sei. Der König geriet in Zorn und verwies beide, Herakles und seinen Sohn Phyleus, des Landes. Damit nicht genug: Auch der König Eurystheus wollte diese Arbeit, die sechste, nicht anerkennen, weil Herakles Lohn dafür gefordert hatte. Er trug ihm sogleich eine neue auf.

Immer neue Abenteuer

Minos, der König von Kreta, hatte dem Meergott Poseidon versprochen, ihm zu opfern, was zuerst aus dem Meer auftauchen werde: denn selbst besitze er kein Tier, das eines so hohen Dienstes würdig sei. Als aber Poseidon einen herrlichen Stier aus dem Meer steigen ließ, reute den König sein Versprechen. Er versteckte ihn inmitten seiner Herden und opferte dem Gott ein gewöhnliches Tier.

Zur Strafe ließ Poseidon den Stier rasend werden und große Verwüstungen auf der Insel Kreta anrichten. Diesen Stier nun sollte Herakles bändigen und dem Eurystheus bringen. Dies wurde ihm als siebte Arbeit aufgetragen.

Der König Minos war nicht wenig erfreut über die Aussicht, diese Plage loszuwerden, und er half dem Helden, das Tier einzufangen. Nun zeigte Herakles seine ungeheure Kraft: Er bändigte den rasenden Stier so gründlich, dass dieser ihn nicht nur ans Meer, sondern wie ein Schiff hinüber nach Argos trug.

Der König Eurystheus musste mit solcher Arbeit wohl zufrieden sein. Und weil ihm der Stier gut gefiel, ließ er ihn frei. Der aber fiel, als ihn kein Herakles mehr bändigte, wieder in seine alte Raserei und verheerte den Peloponnes und sogar noch Attika. Erst später gelang es dem Helden Theseus, ihn zu bändigen.

Als achte Arbeit trug Eurystheus seinem Vetter Herakles auf, die Stuten des Thrakers Diomedes nach Mykene zu bringen. Der war ein Sohn des Kriegsgottes Ares und herrschte als König über die Bistonen, ein äußerst kriegerisches Volk.

Er besaß Stuten von solcher Wildheit, dass man sie mit eisernen Ketten an eherne Krippen binden musste. Sie bekamen als Futter nicht etwa Hafer, sondern man warf ihnen die Fremden, die an den Hof des Königs verschlagen wurden, zum Fraß vor.

Mit diesem grausamen König machte Herakles kurzen Prozess: Er warf ihn selbst seinen Bestien vor. Und siehe da, kaum hatten sie ihren Herrn zerrissen, wurden die Tiere plötzlich zahm, er konnte sie ans Ufer des Meeres treiben.

Aber nun griffen die Bistonen ihn an, sodass sich Herakles gegen sie wenden musste. Er übergab deshalb die Stuten seinem Freund und Begleiter Abderos, dem Sohn des Hermes, zur Bewachung. Doch während er weg war, fielen die Tiere wieder in ihre frühere Wildheit zurück.

Als Herakles die Bistonen in die Flucht geschlagen hatte und zurückkehrte, fand er den Freund von den Bestien zerrissen. Traurig bestattete er ihn und gründete ihm zu Ehren die Stadt Abdera. Dann bändigte er die Stuten und brachte sie nach Mykene zu Eurystheus. Sie lebten in ihren Nachkommen noch lange fort; Alexander der Große ritt ein Pferd aus dieser Zucht.

Herakles aber schloss sich dem Heer des Jason an, der das Goldene Vlies aus Kolchis holen sollte. Davon wollen wir später erzählen.

Von langer Irrfahrt zurückgekehrt, musste Herakles das neunte Abenteuer im Dienst des Eurystheus bestehen.

In Pontos, an der Südküste des Schwarzen Meeres, lebten die Amazonen, ein Volk von Frauen, das lauter Männerwerk betrieb. Sie waren tapfer und kriegerisch. Ihre Königin Hippolyta trug als Zeichen ihrer Würde ein kostbares Wehrgehenk, das ihr der Kriegsgott Ares geschenkt hatte. Diesen Gürtel begehrte Eurystheus nun für seine Tochter.

Herakles scharte Freiwillige um sich und segelte ostwärts ins Schwarze Meer, bis er an die Hauptstadt des Amazonenreiches gelangte. Hier kam ihm die Königin der Amazonen entgegen und fragte ihn nach seinem Begehr. Die herrliche

Gestalt des Helden flößte ihr Hochachtung ein, und als sie hörte, was ihn hergeführt hatte, versprach sie, ihm ihren Gürtel zu schenken.

Aber Hera, die unversöhnliche Feindin des Herakles, mischte sich unerkannt unter die Amazonen und streute das Gerücht aus, der Fremde wolle die Königin entführen. Sofort schwangen sich die kriegerischen Mannweiber auf ihre Pferde und griffen das Lager der Griechen an.

Ein heißer Kampf entbrannte. Die Masse der Amazonen stürzte sich auf die Gefährten, aber die vornehmsten stellten sich Herakles zum Kampf. Doch so tapfer sie auch fochten, ihm waren sie nicht gewachsen. Eine nach der anderen fiel, und als er die Anführerin Melanippe gefangen genommen hatte, wandte sich das Amazonenheer zur Flucht. Da gab die Königin ihren Gürtel hin als Lösegeld für ihre tapfere Heerführerin. Herakles aber fuhr mit dem Wehrgehenk heim nach Mykene.

Doch hatte er auf der Heimfahrt noch ein weiteres Abenteuer zu bestehen. An der Küste Kleinasiens, nahe bei Troja, fand er eine schöne Jungfrau an einen Felsen gebunden, wo sie einem Seeungeheuer zum Fraß dienen sollte.

Es war Hesione, die Tochter des Königs Laomedon, des Erbauers und Herrschers von Troja. Ihm hatte einst Poseidon die Mauern der Stadt Troja errichtet. Aber der König hatte den Gott um seinen Lohn geprellt. Darauf verwüstete ein Seeungeheuer die trojanischen Gefilde so lange, bis Laomedon ihm seine eigene Tochter preisgab.

Als nun Herakles mit seinen Mannen vorbeisegelte, rief ihn der jammernde Vater zu Hilfe und versprach ihm, wenn er seine Tochter rette, ein Gespann herrlicher Rosse, die ein Geschenk des Zeus an seinen Vater waren.

Herakles landete und erwartete das Ungetüm. Als es kam und den Rachen aufsperrte, um die Jungfrau zu verschlingen, sprang er mit einem gewaltigen Satz dem Untier in den aufgesperrten Schlund. Mit seinem Schwert zerhieb er ihm Rachen und Eingeweide und stieg aus dem Leichnam wieder ans Tageslicht. Aber der falsche Laomedon hielt auch diesmal sein Wort nicht und Herakles schwor ihm Rache.

Die Rinder des Geryones

Der König Eurystheus bekam es mit der Angst, weil Herakles alle ihm übertragenen Arbeiten ausgeführt hatte, ohne selbst dabei zu Schaden zu kommen. Deshalb trug er ihm nun als zehnte Arbeit etwas auf, wobei er gewiss sein verhasstes Leben lassen würde: Er sollte die Rinder des Riesen Geryones herbeischaffen.

Dieser Geryones war ein Ungetüm von ungeheurer Größe; er hatte drei Köpfe, drei Leiber sowie je sechs Arme und Beine. Kein Sterblicher hatte es jemals gewagt, sich mit ihm anzulegen. Er besaß auf einer Insel vor der spanischen Küste eine Herde besonders schöner brauner Rinder, die von einem riesigen Hirten und einem ebenso großen Hund mit zwei Köpfen bewacht wurde.

Herakles wusste wohl, was ihm da bevorstand. Auch hatte der Vater des Geryones, der König von Spanien, noch drei weitere riesenhafte Söhne und jeder von ihnen stand an der Spitze eines streitbaren Heeres. Deshalb sammelte Herakles auf der Insel Kreta, die er zuvor von wilden Tieren befreit hatte, ebenfalls ein Heer und setzte damit zunächst nach Libyen über.

Hier rang er mit dem Riesen Antaios, einem Sohn der Gaia und des Poseidon, der stets neue Kräfte erhielt, sobald seine Füße die Erde – seine Mutter – berührten. Herakles hob ihn hoch in die Luft und drückte ihn zu Tode.

Dann zog er mit seinem Heer westwärts bis an den Ozean. Dort errichtete er, der Südspitze Spaniens gegenüber, die beiden Säulen des Herakles. Darauf setzte er nach Spanien über, wo er mit den Heeren der drei Brüder des Geryones zusammenstieß. Er tötete alle drei Anführer im Zweikampf und eroberte das ganze Land.

Nun segelte er zu der Insel des Geryones, die im Ozean lag. Kaum hatte Herakles das Ufer betreten, als der riesige Hund mit den zwei Köpfen auf ihn losfuhr. Der Held erschlug ihn mit seiner Keule und ebenso erging es dem gewaltigen Hirten, der seinem Hund zu Hilfe kam.

Jetzt trieb Herakles die Rinder eilig davon. Doch Geryones holte ihn bald ein und es kam zu einem schweren Kampf. Hera selbst erschien, um dem Riesen beizustehen; aber Herakles schoss ihr einen Pfeil tief in die Brust, sodass sie verwundet fliehen musste. Hin und her wogte der Kampf. Schließlich schoss Herakles dem Riesen einen Pfeil dorthin, wo in der Gegend des Magens die drei Leiber zusammenliefen, und tötete ihn. Dann trieb er die Rinderherde unter vielerlei Abenteuern durch ganz Spanien und Italien bis nach Mykene.

Die Äpfel der Hesperiden

Damit hatte Herakles zehn Arbeiten vollbracht. Weil aber Eurystheus zwei davon nicht anerkennen wollte, musste er noch zwei weitere verrichten.

Als Zeus und Hera einst Hochzeit feierten und alle Götter dem hohen Paar Geschenke darbrachten, wollte auch Gaia nicht zurückstehen. Sie ließ fern am Gestade des Weltmeeres einen großen Baum wachsen, der goldene Äpfel trug. Er stand in einem heiligen Garten, und vier Jungfrauen, Hesperiden genannt, bewachten ihn. Sie wiederum wurden beschützt von einem hundertköpfigen Drachen mit Namen Ladon; er war ein Sohn jenes Phorkys, der Vater so vieler Ungeheuer war. Kein Schlaf kam je in die Augen dieses Drachens und aus seinen hundert Kehlen ertönte ein schreckliches, hundertfaches Zischen und Brüllen.

Diesem Ungetüm sollte Herakles die goldenen Äpfel der Hesperiden entreißen, und diesmal, so hoffte Eurystheus, würde er dabei umkommen. Der Held wusste nicht einmal, wo die vier Töchter der Nacht ihren heiligen Garten bewachten; er musste sich aufs Geratewohl auf den Weg machen, zog durch viele Länder und bestand mancherlei Abenteuer.

In Thessalien geriet er mit dem Riesen Termeros aneinander, der alle Reisenden, denen er begegnete, mit seinem eisenharten Schädel zu Tode rammte. Doch an dem Haupt des göttlichen Helden zersplitterte der Riesenschädel wie Glas.

Von den Nymphen in Illyrien bekam er den Rat: »Frag doch den alten Nereus, den Flussgott. Er kann wahrsagen. Aber du musst ihn im Schlaf überfallen und binden, sonst sagt er dir den Weg nicht.«

Herakles tat, wie ihm die Nymphen geraten hatten. Auf diese Weise erfuhr er, in welcher Weltgegend er die Hesperiden zu suchen hatte. Bevor er jedoch durch Ägypten und Libyen westwärts zog, gelangte er an den Kaukasus. Dort erblickte er den Titanensohn Prometheus, wie er angeschmiedet in der Felswand hing und der Adler an seiner Leber fraß. Voll Mitleid und Zorn hob Herakles seinen Bogen und schoss den Adler herunter. Dann befreite er Prometheus von seinen Ketten und dieser wies ihm den Weg nach Westen und gab ihm gute Ratschläge mit.

So kam er endlich in das Land, wo der Riese Atlas das Himmelsgewölbe auf seinen mächtigen Schultern trug. Von hier aus war es nicht mehr weit bis zum heiligen Garten der Hesperiden und die Jungfrauen waren die Töchter des Atlas.

Herakles bat den Riesen, der zur Strafe für seine Teilnahme am Kampf der Titanen gegen die Götter des Olymp die Last des Himmels tragen musste, er möge seine Töchter überreden, ihm die goldenen Äpfel zu schenken. Er wolle so lange an seiner Stelle das Himmelsgewölbe tragen.

Atlas willigte ein. Es gelang ihm tatsächlich, von den Töchtern der Nacht die Äpfel zu bekommen; den Drachen hatte er zuvor eingeschläfert. Als er jedoch mit der goldenen Beute zu Herakles zurückkehrte, sagte er: »Meine Schultern haben jetzt endlich einmal die Freiheit geschmeckt und empfunden, wie schön es ist, wenn die Last des Himmels nicht auf ihnen ruht. Ich habe keine Lust, sie künftig noch länger zu tragen.« Damit warf er Herakles die Äpfel vor die Füße und wandte sich zum Gehen.

Herakles, den die ungewohnte, ungeheure Bürde drückte, überlegte blitzschnell, wie er sich aus dieser Lage befreien könne.

»Nur einen kurzen Augenblick«, sagte er dann, »nimm mir noch die Last ab, Altas. Ich will mir nur ein Polster drunterlegen, sie drückt mich gar zu sehr.«

Das wollte der Riese ihm nicht abschlagen und er übernahm, nur für einen Augenblick, noch einmal die schwere Last.

Herakles aber hob die Äpfel auf, ließ ihn stehen und ging davon, seine Beute heimzubringen nach Mykene.

Der Höllenhund Kerberos

Anstatt den verhassten Rivalen zu vernichten, hatten die Arbeiten, die Eurystheus ihm aufgetragen hatte, nur den Ruhm des Herakles vermehrt. Er galt nun als Wohltäter der Sterblichen, der gegen Unrecht und Unmenschlichkeit kämpfte.

Dies sah Eurystheus mit Schrecken. Darum dachte er sich als zwölfte und letzte Arbeit ein Abenteuer aus, von dem Herakles gewiss nicht zurückkehren würde: Er sollte den Höllenhund Kerberos aus der Unterwelt heraufbringen!

Dort unten, so glaubte Eurystheus, würde ihm alle Heldenkraft nichts nützen. Im Kampf mit den finsteren Mächten der Unterwelt sollte Herakles endlich umkommen.

Kerberos, der Höllenhund, hatte drei Hundsköpfe mit grässlichen Rachen, aus denen giftiger Geifer troff. Köpfe und Nacken trugen Mähnen aus lauter Schlangen, die sich zischend auf und ab ringelten. Der Schweif war eine giftige Schlange.

Herakles ließ sich von kundigen Priestern in die Geheimnisse der Unterwelt einweihen. So vorbereitet wanderte er durch den Peloponnes bis nach Pylon in Elis, wo sich der Eingang zur Unterwelt befand. Hermes, der die Seelen der Verstorbenen geleitete, führte Herakles immer tiefer ins Innere der Erde hinab, bis sie an den Fluss Styx kamen, über den weder Brücke noch Furt führte. Der Fährmann Charon, der die toten Seelen hinüberfuhr, weigerte sich, Herakles überzusetzen; doch der zwang ihn zu gehorchen.

Dann wies ihm Hermes den Weg, und Herakles gelangte endlich vor die Stadt des Königs Pluton, wie Hades, der Gott der Unterwelt, auch genannt wurde. Auf seinem Weg begegnete er vielen Schatten von Verstorbenen, die eilig die Flucht ergriffen, als sie ein Wesen aus Fleisch und Blut erblickten. Unter ihnen war auch die Gorgone Medusa. Sie wollte sich gegen ihn wenden, aber Herakles vertrieb sie mit dem Schwert.

Am Tor der Totenstadt stand der König Pluton und verwehrte ihm den Eintritt. Herakles schoss ihm einen Pfeil in die Schulter, sodass er die Qualen eines Sterblichen empfand und sich nicht länger widersetzte, als er nun gebeten wurde, die Entführung des Höllenhundes zu erlauben. Er machte allerdings zur Bedingung, dass der Held nicht seine Waffen gebrauchen durfte.

Herakles trug den Harnisch, den Hephaistos ihm geschenkt hatte, und das Löwenfell um die Schultern. Er fand das Untier an der Mündung des Acheron, wie dumpfer Donner dröhnte das Gebell seiner drei Köpfe. Sogleich packte er es am Hals und würgte es und ließ nicht eher los, bis er es überwältigt hatte. Vergeblich züngelten die Schlangen der Mähne gegen ihn, biss der Schlangenschweif auf ihn ein. Er schwang das Ungeheuer auf seine Schultern und trug es an die Oberwelt.

Sobald der Höllenhund das Licht des Tages erblickte, raste er vor Angst und spie giftigen Geifer, der zur Erde troff; noch heute rührt davon der giftige Eisenhut her. Doch es nützte ihm alles nichts, Herakles band das Untier und brachte es nach Tiryns und hielt es dem entsetzten Eurystheus entgegen, der sich vor Angst verkroch.

Jetzt gab der König alle Hoffnung auf, jemals den verhassten Zeussohn loszuwerden. Er entließ ihn aus seinen Diensten und Herakles brachte den Höllenhund Kerberos zu seinem Herrn in die Unterwelt zurück.

Die letzten Abenteuer

Nun war Herakles frei, aber nach dem Ratschluss der Götter war es ihm nicht bestimmt, ein glückliches Leben zu führen. Von seiner Frau Megara hatte er sich getrennt; er hatte sie seinem Neffen Jolaos zum Weibe gegeben. Eines Tages stürzte er, in einem Anfall von Jähzorn, seinen Freund Iphitos von den Zinnen der Stadtmauer von Tirnys herab, dass er sofort tot war. Zwar war Herakles nach der Tat todunglücklich und voller Reue – aber Zeus strafte ihn mit einem hitzigen Fieber. Er raste und beleidigte in seinem Wahn mit Wort und Tat die Götter.

Schließlich hoffte er, das Delphische Orakel werde ihm den Weg zur Heilung weisen. Aber der Spruch, den er erhielt, war hart: Er werde nur dann geheilt werden, wenn er sich abermals für drei Jahre als Sklave verdinge. Das Handgeld müsse er als Sühne dem Vater des Iphitos geben.

Um endlich von seinem Leiden erlöst zu werden, fügte sich Herakles und ließ sich von einem Freunde als Sklave an die Königin Omphale von Lydien verkaufen. Zunächst wurde er dort auch wieder gesund und züchtigte die Feinde der Königin und vertrieb die Räuber aus dem Lande.

Aber allmählich erschlaffte er von dem guten Leben am Hofe und all der orientalischen Üppigkeit. Ja, es kam so weit, dass die Königin Omphale selbst das Löwenfell des Helden anlegte, ihn aber in Frauenkleidern zu ihren Füßen sitzen und Wolle spinnen ließ. Wenn er dann, mit einem Weiberhalsband und Armreifen geschmückt, das Haar lang herabwallend, unter den Mägden saß und mit seinen starken Händen das Garn führte, musste er von seinen früheren Heldentaten erzählen. Und seine Zuhörer ergötzten sich daran wie an Ammenmärchen.

Endlich, als seine Dienstjahre bei der Königin Omphale vorüber waren, erwachte Herakles aus seiner Verblendung. Voll Abscheu und Zorn riss er sich die Frauenkleider vom Leibe, und es kostete ihn nur eine Regung seines Willens, da war er wieder der herrliche Zeussohn, voll Kraft und Mut des Helden. Sogleich zog er aus, um neue Abenteuer zu bestehen.

Nun wollte Herakles an seinen Feinden Rache nehmen. Vor allem galt es, den König Laomedon von Troja zu bestrafen, der ihm einst die versprochenen Rosse des Ares verweigert hatte, den Lohn für die Rettung seiner Tochter Hesione vor dem Seeungeheuer. Mit einem kleinen Heer und sechs Schiffen fuhr er nach Troja.

Die Stadt wurde belagert und, trotz tapferer Gegenwehr, im Sturm genommen. Herakles tötete mit seinen Pfeilen den König Laomedon und alle seine Söhne bis auf einen, Priamos, der als Sklave verkauft wurde. Die Königstochter Hesione gab Herakles seinem Freund Telamon als Beute. Doch durfte sie ihren Bruder Priamos freikaufen. Von ihm und seinen Söhnen, darunter Hektor und Paris, wird noch viel die Rede sein.

Danach wandte sich Herakles nach Elis, um den König Augias für seinen Wortbruch zu bestrafen. Er brach in seine

Hauptstadt ein und tötete ihn samt seinen Söhnen. Nur Phyleus, der damals mit ihm des Landes verwiesen worden war, blieb übrig; ihm übergab Herakles das Königreich Elis.

Nach diesem Sieg erneuerte Herakles die Olympischen Spiele und errichtete ihrem ersten Stifter Pelops einen Altar.

Herakles und Deianeira

Nachdem der Held noch mancherlei Taten auf dem Peloponnes vollbracht hatte, kam er nach Aitolien an den Hof des Königs Oineus. Der hatte eine wunderschöne Tochter, Deianeira mit Namen, die litt sehr unter der lästigen Werbung eines unerwünschten Freiers. Es war der Flussgott Acheloos, der in dreierlei Gestalt um sie warb. Zuerst war er als Stier gekommen, danach als schillernder Drache, und als er schließlich in Menschengestalt erschien, trug er das Haupt eines Stieres auf seinen Schultern, und von seinem zottigen Kinn rannen frische Quellbäche herab.

Deianeira empfand nichts als Abscheu und Furcht vor diesem Freier. Sie flehte die Göttin an, sie durch den Tod zu erlösen. Aber ihr Vater konnte dem Bewerber aus uraltem Götteradel auf die Dauer die Hand seiner Tochter nicht verweigern.

Da erschien – spät, aber noch nicht zu spät – als zweiter Freier Herakles, der von der großen Schönheit der Königstochter gehört hatte. Er ahnte wohl, dass er sein Ziel nicht ohne Kampf erreichen würde, und war wohl gerüstet: Das

Löwenfell um seine Schultern wehte im Wind, der Köcher war voller Pfeile, die Keule wog er prüfend in der Hand – so schritt er dem Palast zu.

Als der gehörnte Stromgott ihn kommen sah, stieg ihm die rote Wut in das Stierhaupt, und er senkte die Hörner zum Stoß.

Der König Oineus wollte keinen der mächtigen Bewerber durch eine Absage beleidigen. Deshalb versprach er, demjenigen seine Tochter zur Frau zu geben, der den andern im Zweikampf besiege.

Darauf traten die beiden Freier zum Kampf an. Herakles schwang die Keule und ließ die Bogensehne schwirren. Aber der Stromgott blieb unverwundet und ging seinen Gegner mit dem todbringenden Stoß seiner Hörner an. Dann rangen sie Leib an Leib miteinander, der Schweiß rann in Strömen, sie stöhnten laut vor Anstrengung.

Endlich gewann der Zeussohn die Oberhand und warf den starken Flussgott zu Boden. Der aber verwandelte sich blitzschnell in eine Schlange. Doch mit Schlangen wusste Herakles umzugehen, er ergriff sie und hätte sie zerdrückt, wenn Acheloos nicht sogleich die Gestalt eines Stieres angenommen hätte.

Von neuem begann das Ringen. Doch nun warf Herakles seinen Gegner abermals zu Boden, wobei das eine Horn in seiner Hand abbrach. Da gab der Flussgott auf und überließ dem Sieger die Braut. So erhielt Herakles die schöne Deianeira zum Weibe.

Der Kentaur Nessos

Doch auch jetzt wurde das Leben des Helden nicht ruhiger. Er eilte von Abenteuer zu Abenteuer.

Als er sich einst mit seinem Weib auf der Reise nach Theben befand, mussten sie einen Fluss überqueren, der Hochwasser führte. Dort bot der Kentaur Nessos seine Dienste an, die Reisenden gegen Lohn über den Fluss zu tragen.

Herakles freilich brauchte diese Hilfe nicht, aber er überließ Deianeira dem Kentauren, damit er sie durch die Furt trug. Als Nessos jedoch mitten im Strom watete, während Herakles bereits am andern Ufer wartete, betörte die Schönheit der Frau den ungefügen Gesellen. Er wagte es, seine Hand nach ihr auszustrecken.

Deianeira schrie auf. Herakles griff zum Bogen, und ehe der Halbmensch der Frau Gewalt antun konnte, durchbohrte der vergiftete Pfeil seine zottige Brust.

Noch im Tode sann der Kentaur auf Rache. »Nimm mein Blut«, flüsterte er Deianeira zu, die gerade das Ufer erklimmen wollte, »das von Gift der Hydra gerinnt, es soll dir noch nach meinem Tode nützen. Wenn du damit das Unterkleid deines Gatten färbst, wird er niemals eine andere Frau begehren!«

Gutgläubig vertraute Deianeira dem Sterbenden; sie tränkte ein Tuch mit seinem Blut, ohne dass es Herakles bemerkte, und verbarg es in ihrem Gewand.

Der Tod des Herakles

Es dauerte nicht lange, da konnte Deianeira von dem Geschenk des Kentauren Nessos Gebrauch machen.

Herakles nämlich hatte einen alten Zwist mit Eurytos, dem König von Euböa, der ihm einst seine Tochter Jole verweigert hatte. Er zog mit einem Heer gegen seine Hauptstadt, zerstörte sie und erschlug den König samt seinen drei Söhnen. Jole, noch immer jung und schön, wurde seine Gefangene.

Irgendein Schandmaul redete Deianeira ein, Herakles habe seine Liebe der gefangenen Jungfrau zugewandt. Vor Angst, ihn zu verlieren, tat sie, was der sterbende Kentaur gewollt hatte: Sie färbte ein neues Unterkleid ihres Gatten mit dem Blut des toten Nessos.

Ahnungslos legte Herakles das neue Gewand an, das seine Gattin ihm geschickt hatte. Da war es, als ob Feuer und Schlangengift zugleich an seinem Leibe fräßen – der Held brüllte auf und riss sich die Kleider herunter.

Zu spät – er spürte bereits, dass er diesem Feind nicht gewachsen war. Die Fetzen des Unterkleides, die mit dem Blut des Kentauren gefärbt waren, klebten wie angewachsen an seinen Lenden und bereiteten ihm unerträgliche Schmerzen. Er raste und schrie, wälzte sich am Boden und versuchte vergeblich, seiner Sinne Herr zu werden. Endlich befahl er seinem ältesten Sohn Hyllos, ihn zu Schiff in die Heimat zu schaffen, damit er nicht im fremden Land sterben müsse.

So geschah es. Inzwischen war die Nachricht von dem furchtbaren Ereignis Deianeira überbracht worden. Als sie erkannte, was sie, ohne es zu wollen, angerichtet hatte, stürzte sie sich in ihrer Verzweiflung in ein Schwert. Im Palast angekommen, fand Herakles sie tot. Er musste erkennen, dass Deianeira zwar verblendet, aber aus Liebe zu ihm gehandelt hatte, und sein Zorn verwandelte sich in Wehmut. Er verlobte seinen Sohn Hyllos mit der schönen Königstochter Jole und ordnete alles für seinen Tod.

Nach einem Orakelspruch sollte er oben auf dem Berg Oita sein Leben beschließen. Dorthin ließ er sich nun, seinen Qualen zum Trotz, bringen und hieß seine Leute einen Scheiterhaufen errichten. Ruhig ließ er sich darauf nieder, warf noch einen Blick rundum auf die Seinen und befahl, den Holzstoß anzuzünden. Aber niemand wollte ihm diesen traurigen Dienst erweisen. Schließlich tat ihm sein Freund Philoktet seinen Willen. Zum Dank überreichte Herakles ihm seinen sieggewohnten Bogen und die unwiderstehlichen Pfeile.

Als nun das Feuer zu brennen begann und Rauch aufwallte, schlugen plötzlich die Blitze des Göttervaters Zeus in den Holzstoß und ließen die Flammen hoch aufrauschen. Im selben Augenblick senkte sich eine Wolke vom Himmel herab und trug den Unsterblichen unter Donnerschlägen zum Olymp empor. Jedermann konnte sehen, dass der Held Herakles unter die Himmlischen gerufen worden war. Als der Holzstoß heruntergebrannt war, fand man nichts von seinen Gebeinen. Da brachten ihm die Seinen ein Totenopfer dar und weihten den Heros zu einer Gottheit ein, die schon bald in ganz Griechenland verehrt wurde.

Im Himmel empfing ihn seine Freundin Pallas Athene und führte ihn in den Kreis der Unsterblichen ein. Selbst Hera, seine alte Widersacherin, versöhnte sich jetzt mit ihm, nachdem er sein sterbliches Geschick vollendet hatte. Sie gab ihm ihre Tochter Hebe, die Göttin der ewigen Jugend, zur Gemahlin, die ihm droben im Olymp unsterbliche Kinder schenkte.

Die Argonautensage

Der rechtmäßige Thronerbe

Als Pelias, der König von Thessalien, alt geworden war, erhielt er einen Orakelspruch, der lautete: »Hüte dich vor dem, der mit *einem* Schuh zu dir kommt; er wird dir dein Königreich nehmen.«

Dieser Spruch, so dunkel er war, ängstigte ihn sehr. Denn Pelias war vor langen Jahren auf unrechtmäßige Weise König geworden, indem er seinen älteren Bruder Aison verdrängt hatte. Aison war in der Fremde gestorben. Aber sein Sohn Jason wurde von dem Kentauren Chiron aufgezogen, der schon viele große Helden herangebildet hatte.

Als Jason zwanzig Jahre alt war, machte er sich heimlich auf nach Thessalien, um sein Recht als Thronerbe zu verlangen. Nach Art der alten Helden hatte er zwei Speere bei sich, einen zum Werfen und einen zum Stoßen, und über dem Reisekleid trug er das Fell eines Panters, den er erwürgt hatte. Sein Haar hing lang auf die Schultern herab.

Unterwegs kam er an einen breiten Fluss. Am Ufer stand

eine alte Frau, die flehte ihn an, er möge ihr hinüberhelfen. Jason wusste nicht, dass es die Göttin Hera war, er nahm sie voll Mitleid auf die Arme und trug sie durch den Fluss. Dabei verlor er einen Schuh, der im Schlamm stecken blieb. Dennoch wanderte er weiter und kam in der Residenz des Königs Pelias an, als dieser, sein Oheim, vor allem Volk auf dem Markt dem Gott Poseidon ein feierliches Opfer darbrachte.

Ein Murmeln ging durch die Menge, als der fremde Jüngling plötzlich auftauchte. Denn er hatte eine Gestalt wie Ares und war schön wie Apollon. Als der König den Blick vom Altar auf die Ursache der Störung richtete, sah er mit Schrecken, dass der Fremde nur einen Schuh anhatte! Dennoch fragte er ihn, als die heilige Handlung beendet war, nach seinem Begehr und woher er komme.

»Ich bin Jason, Aisons Sohn«, antwortete der Jüngling freimütig. »In Chirons Höhle bin ich aufgewachsen. Ich bin gekommen, das Haus meines Vaters zu sehen.«

Pelias war klug genug, ihn freundlich aufzunehmen. Er führte ihn durch den Palast und lud alle Vettern und Verwandten zu einem Fest, das fünf Tage dauerte. Aber am sechsten Tage sagte Jason zu seinem Oheim:

»Du weißt, König, dass ich der rechtmäßige Erbe dieses Thrones bin und dass dies alles hier mein ist. Dennoch will ich dir die Herde und alle Ländereien lassen, die du meinen Eltern weggenommen hast. Nur Zepter und Thron verlange ich, die einst meinem Vater gehörten und nun mein sind!«

Auch jetzt blieb der kluge Pelias freundlich. »Gern bin ich bereit«, sagte er, »deine Forderungen zu erfüllen. Nur bitte ich dich um eins, was du junger Held wohl vollbringen kannst, ich alter Mann aber nicht mehr. Mein Leben lang habe ich mir gewünscht, das Goldene Vlies zu besitzen. Zieh du aus nach Kolchis zum König Aietes und hole das Fell des goldenen Widders! Kommst du mit der herrlichen Beute zurück, so will ich dir Zepter und Reich übergeben!«

Das Goldene Vlies

Mit dem Goldenen Vlies aber hatte es folgende Bewandtnis: In früherer Zeit herrschte ein König in Böotien, der seine Frau Nephele verstieß, um eine andere zu heiraten. Unter dieser Stiefmutter hatten Nepheles Kinder, Phrixos und seine Schwester Helle, viel zu leiden. Da beschloss die Mutter Nephele, ihre Kinder zu entführen. Mit Hilfe des Gottes Hermes schickte sie ihnen einen Widder göttlicher Abkunft; sein Fell war aus purem Gold und er konnte durch die Lüfte fliegen. Auf diesem Widder sollten die Kinder durch die Luft über Land und Meer reiten.

So geschah es. Aber unterwegs wurde das Mädchen Helle von Schwindel erfasst, stürzte hinab ins Meer und fand den Tod; nach ihr heißt jenes Gewässer Hellespontos, Helles Meer.

Ihr Bruder Phrixos aber gelangte glücklich ins Land der Kolcher, das an der Ostküste des Schwarzen Meeres liegt.

Hier wurde er von König Aietes freundlich aufgenommen und erhielt eine der Königstöchter zur Frau. Den Widder opferte Phrixos zum Dank für das Gelingen der Flucht dem Zeus, das Goldene Vlies schenkte er dem König Aietes.

Der König der Kolcher weihte es dem Gott Ares und nagelte es an einen Eichbaum in einem heiligen Hain. Dort ließ er es durch einen riesigen Drachen bewachen. Denn ein Orakelspruch hatte ihm geweissagt, er werde leben, solange das Goldene Vlies in seinem Besitz sei.

Das Schiff »Argo«

Das Goldene Vlies war in aller Welt berühmt geworden, und mancher Fürst oder Held trug Verlangen danach, es zu besitzen. Auch Jason wusste davon und er durchschaute die böse Absicht seines Oheims nicht. Denn der hoffte, sein Neffe werde bei diesem gefährlichen Abenteuer ums Leben kommen.

Jason, den Schatz und Abenteuer lockten, forderte die berühmtesten Helden Griechenlands zur Teilnahme auf. Am Fuße des Berges Pelion wurde unter Athenes Leitung von besonders geschickten Handwerkern ein Schiff gebaut. Es hatte fünfzig Ruder und erhielt nach seinem Baumeister Argos den Namen »Argo«. Geziert mit schönen Schnitzereien, war es so leicht, dass die Helden es zwölf Tagesreisen weit auf ihren Schultern über Land tragen konnten. Athene stiftete ein Stück Holz, das von der redenden Eiche des Orakels zu Dodona stammte und seinen Platz im Takelwerk fand.

Unter den zahlreichen Helden, die mit Jason an Bord der »Argo« gingen, waren hochberühmte Namen. Allen voran Herakles mit seinem jungen Gefährten Hylas, ferner Peleus, der Vater des Chilleus, die Zeussöhne Kastor und Pollux, Nestors Vater Neleus, der Sänger Orpheus und manch anderer.

Als alle im Schiff Platz genommen hatten, wurden die Anker gelichtet, die fünfzig Ruder schlugen im Takt und ein günstiger Wind blähte die Segel. So fuhren die Argoschiffer, »Argonauten« genannt, aus, das Goldene Vlies zu erobern.

Gefahrvolle Reise

Schon am zweiten Tage trieb ein Sturm die Argonauten vor sich her, dass sie im Hafen der Insel Lemnos Schutz suchen mussten.

Auf dieser Insel herrschten die Frauen. Sie hatten ihre Männer erschlagen, weil diese ihnen untreu geworden waren und sich thrakische Nebenfrauen zugelegt hatten. Nun mussten die Frauen alles Männerwerk verrichten und sie lebten zudem in steter Furcht vor der Rache der Thraker.

Als nun die Argonauten dort Schutz vor dem Unwetter suchten, nahmen die Frauen sie freundlich auf und bewirteten sie gastlich. Denn sie hofften, die streitbaren fremden Helden zum Bleiben bewegen zu können. Die Königin bot Jason sogar ihren Thron an. Und wer weiß, ob nicht alles anders gekommen wäre, hätte nicht Herakles, der auf dem Schiff geblieben war, die Gefährten heimlich zusammengerufen und ihnen ins Gewissen geredet.

»Ihr Narren!«, rief er ihnen zu. »Habt ihr nicht genug Frauen gehabt im eigenen Lande? Seid ihr losgefahren, um hier Hochzeit zu halten und auf Lemnos als Bauern das Feld zu bestellen? Vielleicht glaubt ihr, ein Gott holt uns das Goldene Vlies und legt es uns zu Füßen! Lasst meinetwegen den Jason hier einheiraten und die Insel mit seinen Söhnen bevölkern und von fremden Heldentaten hören. Wir aber wollen lieber auf der Stelle umkehren, als hier unrühmlich kleben bleiben!«

Das genügte, um die Helden zur Besinnung zu bringen. Sie nahmen Abschied von den weinenden Frauen, setzten Segel und rührten die Ruder und hatten bald den Hellespont hinter sich. Bald darauf trieben westliche Winde das Schiff in die Nähe der Küste, wo auf einer Insel das kleine Volk der Dolionen in der Nachbarschaft von erdgeborenen Riesen lebte, die sechs Arme hatten, drei an jeder Seite. Der Meergott Poseidon schützte das fromme Völkchen der Dolionen vor diesen Nachbarn.

Kyzikos, dem jungen König der Dolionen, war durch einen Orakelspruch aufgetragen worden, er solle die göttliche Schar der Heroen freundlich aufnehmen und mit allem versorgen. So fanden die Helden gutes Quartier und konnten sich überdies den Weg nach Kolchis weisen lassen.

Doch die Riesen hatten die Ankunft der Argonauten wohl bemerkt. Sie brachen am Morgen aus den Bergen hervor und schleuderten große Felsblöcke in die Hafenausfahrt, sodass die »Argo« nicht mehr herauskonnte. Aber Herakles, der auch diesmal nicht von Bord gegangen war, empfing die Riesen mit seinen Pfeilen und tötete viele von ihnen. Bald kamen auch die übrigen Helden angestürmt, ein furchtbarer Kampf entbrannte und die Riesen erlitten eine schwere Niederlage und flohen in die Berge.

Nachdem die Argonauten glücklich abgesegelt waren, gerieten sie abends in eine Windstille, der ein Sturm folgte. In tiefer Nacht erkannten sie endlich eine Küste vor sich und suchten Schutz am Strand. Aber sie hatten sich kaum zur Ruhe gelegt, da fielen die Einwohner des Landes mit Waffen über die Eindringlinge her. Hin und her tobte die nächtliche Schlacht, bis die Helden ihre Gegner geworfen hatten, die sich in die Mauern einer nahen Stadt zurückzogen.

Als es hell wurde, sahen beide Parteien, was geschehen war. Ohne es zu wissen, waren die Argonauten zum zweiten Mal bei den Dolionen gelandet. Diese hatten in der Finsternis die Gastfreunde nicht erkannt und sie aus dem Lande vertreiben wollen. In diesem Kampf waren viele Dolionen gefallen, darunter auch der junge König Kyzikos.

In Schmerz und Trauer bestatteten die Helden mit den Dolionen gemeinsam die Gefallenen und hielten ihnen zu Ehren feierliche Wettkämpfe und Spiele ab. Dann segelten die Argonauten weiter.

Wenige Tage später legte die »Argo« vor der Stadt Kios an.

Hier war es, dass der junge Hylas, der Freund und Diener des Herakles, eines Abends von einem Gang in den Wald nicht zurückkehrte.

Eine Quellnymphe hatte ihn, von seiner Schönheit betört, in die Tiefe hinabgezogen. Herakles irrte aufgebracht umher, den Freund zu finden; immer tiefer geriet er in den Wald hinein.

Unterdes wollten die Argonauten absegeln. Es erhob sich ein Streit, ob sie Herakles allein zurücklassen sollten, und der Held Telamon griff Jason heftig an.

»Du hast wohl Angst, Jason«, rief er hitzig, »dass Herakles deinen Ruhm verdunkelt und du in seinem Schatten bleibst? Segele nur ab! Aber ich bleibe hier und müsste ich der Einzige sein!«

Seine Worte blieben nicht ohne Wirkung, denn es dachte wohl mancher wie er. Aber da rauschte das Wasser neben dem Schiff auf, das mächtige Haupt des Meergottes Glaukon tauchte empor, der den Helden zurief:

»Was zankt ihr euch? Wollt ihr gegen den Willen des Allvaters Zeus den Helden Herakles mit euch führen? Ihm ist bestimmt, ganz andere Arbeiten zu verrichten. Fahrt also ohne ihn ab!«

Sprach's und versank sogleich wieder in der aufschäumenden Flut. Telamon versöhnte sich mit Jason und die »Argo« stach alsbald ohne Herakles in See.

Der Faustkampf

Sie segelten die ganze Nacht und warfen bei Sonnenaufgang an einer Landzunge Anker, die sich weit ins Meer hinaus erstreckte. Kaum hatten sie den Strand betreten, als ein großer, sehr kräftig gebauter Mann auf sie zutrat, der vornehm gekleidet war.

»He, hört mich an, ihr Vagabunden!«, rief er mit Donnerstimme. »Damit ihr's wisst: Kein Fremder verlässt mein Land, der nicht mit mir gekämpft hat! Ihr kommt gleich im Haufen daher, also sucht den besten Faustkämpfer unter euch aus, dass ich ihm das Maß nehme. Sonst geht es euch allen schlecht!«

Es war Amykos, der wilde Bebrykenkönig, der hier sein Landhaus hatte. Er pflegte jeden Fremden, der sein Land betrat, zum Faustkampf zu nötigen und hatte schon viele dabei umgebracht.

Nun war unter den Argonauten der beste Faustkämpfer Griechenlands, Pollux, der Sohn des Zeus und der Leda. Der rief: »Lass sehen, ob du nur mit dem Maul so stark bist oder auch mit der Faust. Ich nehme den Kampf an!«

Der Bebryke schnaubte vor Wut und rollte die Augen, als wollte er den Knirps, der sich als Gegner anbot, auffressen. Pollux aber blieb heiter und gelassen, probte die Fäuste und Gelenke, ob sie nicht von der langen Ruderarbeit steif geworden waren.

Am Strand standen die Argonauten, den Rücken zum Schiff, ihnen gegenüber die Bebryken, die sich zahlreich eingefunden hatten. Zwischen den Linien stellten sich die beiden Kämpfer auf. Dann brachte ein Sklave des Königs zwei Paar Fausthandschuhe und Amykos sagte:

»Wähle nur, welches du willst; wir wollen nicht erst lange losen. Dass ich ein guter Gerber bin, wirst du gleich an deinem Fell spüren!«

Pollux lächelte schweigend, nahm unbesehen ein Handschuhpaar und ließ es sich von seinen Freunden festbinden. Auch der König legte Handschuhe an und der Kampf begann.

Wie ein wütender Stier drang Amykos auf den Griechen ein und teilte furchtbare Schläge aus. Pollux jedoch wich stets so geschickt aus, dass kein einziger wirklich traf. Dabei studierte er den Gegner, fand bald seine Schwächen heraus und konnte manchen Treffer landen.

Aber auch der König wusste zu kämpfen, und nun krachten die Schläge, die Zähne knirschten, der Schweiß rann, bis sie atemlos voneinander abließen.

Nach kurzer Pause, in der jeder Kämpfer von seinen Freunden erfrischt und massiert wurde, ging es weiter. Amykos schlug sehr hart zu, verfehlte aber den Kopf seines Gegners und traf nur die Schulter. Pollux jedoch traf ihn über dem Ohr so schwer, dass der Knochen brach und der König betäubt in die Knie sank.

Da jauchzten die Argonauten hell auf. Doch die Bebryken sprangen ihrem König bei und stürmten mit Keulen und Jagdspießen auf Pollux los. Sogleich zogen die Argonauten ihre Schwerter und warfen sich auf die Gegner. Die Bebryken wurden geschlagen und liefen schreiend davon.

Die Helden warfen sich auf ihre Viehherden und machten reiche Beute. Am lodernden Feuer brieten sie zwei Ochsen und hielten ein üppiges Mahl. Nachdem sie den Göttern ein Trankopfer gebracht hatten, feierten sie die ganze Nacht hindurch. Die Stirnen mit Efeu bekränzt, tranken sie den edlen Wein, und zur Zither des Orpheus erklang das Lied vom Helden Pollux, dem siegreichen Sohn des Zeus.

Weitere Abenteuer

Die Argonauten hatten auf ihrer Fahrt noch viele gefährliche Abenteuer zu bestehen. Sie erlösten den blinden König von Bithynien, Phineus, von seinen schrecklichen Quälgeistern, den Harpyien. Weil er seine Sehergabe missbraucht hatte, war er von Zeus im Alter mit Blindheit geschlagen worden. Die grässlichen Wundervögel überfielen ihn bei jeder Mahlzeit, raubten, was sie an Speisen wegschleppen konnten, und beschmutzten den Rest mit ihrem Kot. Niemand konnte den Gestank aushalten, geschweige denn noch davon essen. Der greise König war schon zum Skelett abgemagert.

Die Argonauten verscheuchten die Vögel mit ihren Pfeilen, konnten sie jedoch nicht erlegen, da sie, die Jagdhunde des Zeus, unverwundbar waren. Doch ließen sie Phineus fortan in Frieden.

Der blinde König hatte die Argonauten vor den Symplegaden gewarnt, zwei Felsen im Meer, die wie schwimmende Inseln beweglich waren und stets zusammenstießen, wenn sich ein Fisch, ein anderes Lebewesen oder gar ein Schiff zwischen ihnen befand. Mit gewaltigem Krachen schlugen die Felsen aneinander und zermalmten alles, was nicht schnell genug fliehen konnte.

»Ihr müsst eine Taube vorausfliegen lassen«, hatte Phineus geraten. »Dann schlagen die Felsen zusammen. Und sobald sie vom Anprall zurückgeschleudert werden, rudert ihr eilig hindurch!«

Sie taten, wie Phineus geraten hatte, und kamen glücklich, wenn auch um Haaresbreite, zwischen den beiden Felsen hindurch. Diese krachten noch einmal mit furchtbarer Gewalt zusammen, entfernten sich wieder voneinander und liegen seitdem still.

Weiter ging die Fahrt nach Osten, bis eines Tages die mit ewigem Schnee bedeckten Gipfel des Kaukasus in der Ferne aufleuchteten. Als die »Argo« näher kam, flog ein riesiger Adler mit rauschenden Schwingen über sie hinweg. Die Helden folgten ihm mit den Blicken und erkannten hoch oben an einer Felswand den unseligen Prometheus, in dessen Leber der Zeusvogel wühlte. Laut klang das Stöhnen des Titanensohns herüber, dann schwang sich der Adler in die Lüfte und verschwand im Äther.

In Kolchis

Noch am gleichen Tag konnte die »Argo« in die Mündung des Flusses Phasis einlaufen. Die Argonauten beschlugen die Segel und ruderten stromaufwärts in das Land Kolchis hinein. Zur Linken hatten sie die riesige Bergkette des Kaukasus, bald darauf auch die Hauptstadt Kytaia. Zur Rechten sahen sie den heiligen Hain des Ares liegen, in dem der Drache das Goldene Vlies bewachte.

Jason füllte einen goldenen Becher mit Wein und brachte dem Fluss, der Mutter Erde, den Göttern des Landes und den unterwegs verstorbenen Helden das Trankopfer dar. Er bat sie alle, ihrem Vorhaben gnädig und hilfreich zu sein und ihr Schiff zu behüten. Dann ließ er anlegen und alle sanken am Ufer in einen tiefen Schlaf.

Am andern Morgen schritt Jason mit wenigen Begleitern der Stadt zu. Er wollte mit dem König der Kolcher, Aietes, in Güte verhandeln und versuchen, ihn zur Herausgabe des Goldenen Vlieses zu bewegen. Während sie durch die volkreiche Stadt gingen, schützte Hera sie durch eine Nebelwolke. Niemand nahm Notiz von ihnen, unangefochten erreichten sie den Königspalast. Mit Staunen sahen sie seine Größe, die riesigen Mauern und Tore und die kunstvollen Verzierungen aus Erz und Eisen, die von der Hand des Gottes Hephaistos stammten. Macht und Reichtum wohnten hier, es ging die Sage, der König Aietes sei ein Sohn des Sonnengottes Helios.

Als Jason mit seinen Begleitern den Innenhof des Palastes betrat, lenkte Hera die Blicke der schönen Königstochter Medea auf die Helden. Angesichts der herrlichen Gestalt Jasons erschrak sie zutiefst und trug schon den Pfeil des Liebesgottes Eros im Herzen.

Dann stand Jason vor dem König der Kolcher und erklärte ohne Umschweife, dass er gekommen sei, das Goldene Vlies zu holen. Er bat den König Aietes, ihm den Schatz im Guten herauszugeben, und bot seine und seiner Gefährten Dienste im Kampf gegen die Feinde des Reiches Kolchis als Gegenleistung an.

»Die besten Helden aus ganz Griechenland sind meine Gefährten«, sagte er. »Kein Feind deines Landes, König, wird ihnen widerstehen.«

Der König erschrak bis ins Mark. Denn ihm war durch ein Orakel bestimmt, dass er einst seinen Schatz durch Helden aus dem Lande der Griechen verlieren werde. Insgeheim sann er, wie er die Fremden verderben konnte. Laut sagte er:

»Nun gut, wenn ihr so kühne Helden seid, wird euch die Bedingung, die ich stellen muss, nichts ausmachen. Ich bin bereit, das Goldene Vlies herauszugeben. Aber zuvor musst du, junger Mann, mit meinen beiden Stieren das Aresfeld pflügen. Ich mache das jeden Tag, also wird es dir nicht schwer fallen. Pass auf: Die beiden Stiere weiden auf dem Feld des Ares. Du musst sie anschirren; aber sieh dich vor, sie haben eherne Füße und speien Feuer! Mit ihnen pflügst du das Feld und säst in die Furchen die Zähne eines Drachens, die ich dir geben werde. Aus dieser Saat wachsen alsbald gepanzerte Männer empor, die musst du mit deinem Speer erlegen.

Das ist meine tägliche Übung. Sie wird dir ja nichts ausmachen, nach allem, was du von dir und deinen Freunden erzählt hast. Und wenn du damit fertig bist, will ich dir das Goldene Vlies übergeben.«

Jason wusste wohl, was es mit der Drachensaat des Königs Aietes auf sich hatte, denn der blinde Phineus hatte davon erzählt. Er hob den Kopf und sagte mit fester Stimme:

»Wohlan, König, ich fürchte deine Arbeit nicht. Denn ich gedenke, meinen Auftrag zu erfüllen. Lass uns beginnen.«

Aietes aber rief seine Vertrauten zusammen und berichtete ihnen, was die Fremden wollten und was er ihnen aufgetragen habe. Er wollte, sobald die Stiere ihren Führer Jason umgebracht hatten, das Schiff und alle Insassen in einem Meer von Feuer verbrennen.

Jason und Medea

Medea verbrachte eine unruhige Nacht. Sie wurde von Angstträumen gequält, sah sich selbst mit den Stieren kämpfen, aber es ging nicht um das Goldene Vlies, sondern darum, ob der Held Jason sie als seine Gattin mit nach Griechenland führen dürfe. Sie entschied sich für den Geliebten, ihre Eltern schrien auf vor Schmerz und Gram – und von diesem Schrei erwachte Medea.

Ihr Entschluss stand fest: Sie wollte Jason helfen, die Probe zu bestehen und das Goldene Vlies zu entführen. Dazu verschaffte sie sich eine Zaubersalbe, Prometheusöl genannt; wer sich damit einrieb, war für den ganzen Tag weder durch Feuer noch durch das Schwert verwundbar und jedem Gegner an Kraft überlegen. Dieses Mittel war aus dem schwarzen Saft einer Pflanze bereitet, die in der Tiefe der kaukasischen Felswand aus dem Blut des Prometheus entsprossen war und sich von ihm nährte.

Dann ließ sie Jason wissen, sie wolle ihn an einem geheimen Ort sprechen. Dazu wählte sie den Tempel der Hekate, der Schutzpatronin aller Zauberinnen und Göttin der Zauberkünste. Um keinen Verdacht zu erregen, verbreitete sie unter ihren Dienerinnen: Sie wolle Jason nur zum Schein freundlich gegenübertreten und ihm eine Arznei überreichen, an der er zugrunde gehen werde.

Voll Ungeduld erwartete sie Jason im Tempel; alle ihre Dienerinnen hatte sie weggeschickt. Als dann der herrliche Held, schön wie der Morgenstern, den Tempel betrat, erglühte die Königstochter vor Bangen, vor Liebe und vor Scham.

»Warum fürchtest du dich?«, fragte Jason und ergriff ihre Hand. »Wir beide sind allein und ich achte deine Tugend. Nur bitte ich dich um die reine Wahrheit. Ich komme, um deine Hilfe zu suchen, denn es geht um unser aller Leben. Wenn du mir das Wundermittel gibst, von dem deine Botschaft spricht, ist dir der Dank und die Verehrung ganz Griechenlands gewiss.«

Medea schlug die Augen nieder und schwieg. Doch sie reichte Jason stumm das Kästchen mit der Salbe, das er freudig entgegennahm. Nun erst fand die Jungfrau ihre Sprache wieder und erklärte Jason, was er tun müsse, um der schrecklichen Stiere ihres Vaters und der Drachensaat Herr zu werden.

Und Jason spürte, wie sie hinter ihrer Sorge die Liebe zu ihm nicht verbergen konnte und dass ihn selbst die Liebe zu der schönen Medea ergriff. Denn Hera, die Göttin, wollte es so.

Die Drachensaat

Anderntags sollte die Probe stattfinden. Jason brachte in der Nacht der Göttin Hektate sein Opfer dar, wie Medea ihm geraten hatte, und rieb sich, als die Morgenröte heraufkam, am ganzen Körper mit dem Prometheusöl ein. Auch seine Rüstung, Lanze, Schwert und Schild salbte er mit dem Wunderöl.

Als er auf dem Aresfeld erschien, war der König Aietes mit zahlreichem Volk schon dort. Sein mächtiger Panzer, den er im Kampf gegen die Giganten getragen hatte, glänzte in der Morgensonne, auf dem Kopf trug er einen herrlichen Helm mit vier Büschen, in der Linken den riesigen, vierhäutigen Schild, den außer ihm nur Herakles heben konnte; die Rechte hielt die Zügel seiner schnellen Rosse – so stand er in seinem Streitwagen und erwartete Jason.

Der aber, als er das Aresfeld betrat und die Sonne warm seine Glieder umspielte, fühlte plötzlich eine ungeheure, nie gekannte Kraft in sich. Kaum konnte er noch an sich halten, so sehr verlangte es ihn nach dem Kampf.

Ein Diener des Königs brachte ihm einen funkelnden Helm voller Drachenzähne zur Saat. Dann sah er auch schon die beiden Stierjoche und den Pflug bereitliegen, alle aus Eisen geschmiedet. Aber wo waren die Stiere?

Plötzlich dröhnte die Erde und die beiden ehernen Stiere brachen aus ihrem unterirdischen Stall hervor. Flammenstrahlen fuhren aus ihren Nüstern, schwarzen Rauch ließen sie hinter sich.

Jason hob seinen Schild, stemmte die Füße in den Boden und stand fest wie ein Fels. Sooft die wütenden Stiere auch gegen ihn anrannten, die Hörner gesenkt und Feuer schnaubend, das ihn wie Blitze umzuckte, er wehrte sie ab und wich nicht vom Fleck.

Endlich, als die Kraft der Stiere schon nachließ, ergriff er den einen bei den Hörnern, zwang ihn in die Knie und legte ihm das Joch an. Kaum war dies getan, als schon der andere Stier gegen ihn anraste. Jason warf Schild und Lanze weg, packte ihn an den Hörnern und schleuderte ihn mit einem Ruck zu Boden, wo er auch ihn ins Joch zwang.

Dann ließ sich der Held von seinen Freunden den Pflug reichen und schirrte die beiden Stiere davor. Eilig warf er sich den Schild und den Helm mit der Drachensaat auf den Rücken, nahm in die eine Hand die Lanze, in die andere den Pflugsterz und jagte die immer noch Feuer schnaubenden Tiere hoch. Gerade und tief zog er mit dem eisernen Pflug die Furche in den Acker des Ares.

Mit offenem Munde sah König Aietes, wie der Held die Feuerstiere des Hephaistos bezwang. Das war außer dem König selbst noch niemand gelungen. Doch das Pflügen war nur das Eine, bald würde die Drachensaat aufgehen – und der Fremde sollte selbst seinen Tod in den Acker säen.

Stunde um Stunde pflügte Jason das Feld, hin und her zog er die Furche. Erst am Nachmittag war die Arbeit beendet, die erschöpften Stiere wurden vom Joch erlöst. Jason schlug ihnen die Lanze über das Hinterteil, dass sie entsetzt über das Feld in ihren unterirdischen Stall flohen.

Dann schritt der Held die Furchen entlang und säte die Drachenzähne. Von Zeit zu Zeit blickte er sich um, ob die böse Saat schon aufging. Aber nichts rührte sich. Als er fertig war, ging er, vom Jubel seiner Gefährten umbraust, zum Schiff, füllte seinen Helm mit Flusswasser und löschte seinen brennenden Durst. Dann erfrischte und sammelte er sich für den zweiten Teil seiner Aufgabe; denn das Schwerste stand ihm noch bevor.

Als die Dämmerung nahte, kehrte Jason auf das Feld zurück. Keinen Augenblick zu früh! Denn schon waren aus allen Furchen die Riesen aufgekeimt, das ganze Aresfeld starrte von Schilden und Lanzen, das Abendlicht brach sich in unzähligen schimmernden Helmen.

Da gedachte Jason des Rates, den Medea ihm gegeben hatte: Er nahm einen großen Felsblock, den vier Männer nicht hätten heben können, und warf ihn mit gewaltigem Schwung mitten unter die erdentsprossenen Krieger.

Laut schrien die Kolcher auf und Aietes starrte vor Staunen über den ungeheuren Wurf. Die Erdgeborenen aber fielen wie schnelle Hunde einander an und brachten sich gegenseitig um. Die noch nachwuchsen aus der Drachensaat, stürzten sich ebenfalls ins Getümmel, und die Erschlagenen füllten bald mehr und mehr das Feld.

Schließlich fuhr Jason unter sie und mähte die, die noch standen, ab wie Gras. So fielen Saat und Ernte auf einen Tag. Der König Aietes wendete voll Zorn und Gram seine Rosse und fuhr heim in seinen Palast. Die Argonauten aber umringten Jason und führten ihn jubelnd auf ihr Schiff.

Der Raub des Goldenen Vlieses

Die ganze Nacht hindurch beriet Aietes mit seinen Vertrauten, wie er die Argonauten überlisten und um den festgesetzten Preis betrügen könne. Auch war ihm nicht verborgen geblieben, wer dem verhassten Griechen mit seiner Kunst geholfen hatte.

Medea fürchtete um ihr eigenes Leben und das des Geliebten. Mitten in der Nacht schlich sie aus dem Palast in das Lager der Griechen, die noch immer das Freudenfeuer lodern ließen und Jasons Sieg feierten.

Als die schöne Königstochter in den Kreis um das Feuer trat, wurde es still. Sie kniete vor Jason nieder, hob die Hände und sprach:

»Rette mich, Grieche, rette mich vor der Rache meines Vaters, wie ich dir geholfen habe! Ich will dir das Goldene Vlies verschaffen. Dann lass uns eilig zu Schiff fliehen! Nimm mich mit in deine Heimat, hier kann ich nicht bleiben. Aber schwöre mir, dass du mich dort in der Fremde nicht beschimpfen wirst!«

Jason hob sie auf und erwiderte: »Fürchte nichts, Medea. Zeus und Hera sind Zeugen, dass ich dich als meine rechtmäßige Gattin heimführen werde, sobald wir nach Griechenland zurückgekehrt sind!«

Noch in derselben Nacht lichteten sie die Anker und ruderten zum heiligen Hain. Kurz vor Morgengrauen schritten Jason und Medea durch die Uferwiesen und sahen schon von weitem das Goldene Vlies, das an einen Eichbaum genagelt war, wie eine Morgenwolke durch die Dunkelheit schimmern. Da aber erhob sich zischend der lange Hals des Drachens, der weder Schlaf noch Tod kannte, und fuhr den Eindringlingen entgegen.

Doch die zauberkundige Medea ging auf das Ungeheuer zu, und indem sie mit süßer Stimme den Schlaf herbeirief, träufelte sie dem Drachen ein Wunderöl in die Augen, die sich sogleich schlossen. Jason blickte staunend auf Medeas Zauberkunst. Noch drohte der riesige Rachen die beiden zu verschlingen. Aber Medea goss, Zauberformeln und Beschwörung murmelnd, ihr Zauberöl in den aufgesperrten Schlund, der klappte zu, der Kopf sank herab, das Drachentier streckte sich und lag in tiefem Schlaf.

Jason löste das Vlies von der Eiche und sie eilten zum Schiff zurück. Schon von weitem sahen die Argonauten das goldene Widderfell schimmern; und als sie das Schiff betraten, warf die Morgenröte ihren Schein auf die herrliche Beute, für die so viele Helden schon ihr Leben gelassen hatten.

Jubelnd legten die Argonauten ab, ruderten mit aller Kraft stromab und erreichten bald darauf das freie Meer. Günstiger Wind blähte die Segel, sie ließen das Land Kolchis hinter sich.

Der Argonauten Heimkehr

Der König Aietes hatte inzwischen von Medeas Liebe, Taten und Flucht erfahren. Er rief seine Krieger zusammen und fuhr, gewaltig gerüstet, in seinem Streitwagen voran zur Mündung des Flusses Phasis. Aber so schnell seine Rosse dahineilten – als er ankam, sah er die Segel der »Argo« schon weit draußen auf dem Meer.

Nun musste die gesamte Flotte der Kolcher die Verfolgung aufnehmen. Und wieder hatten die Argonauten viele Gefahren und Abenteuer zu bestehen. Aber Medeas Zauberkunst und Heras Hilfe bewahrten sie davor, dass die Verfolger sie erreichten und überwältigten.

Eines Tages lief die »Argo« in den Hafen der thessalischen Hauptstadt Jolkos ein. Jason weihte das Schiff dem Meergott Poseidon; und als es längst zu Staub zerfallen war, glänzte es noch, in den Himmel erhoben, am südlichen Firmament als leuchtendes Gestirn: das Sternbild der Argo.

Doch Jason gelangte nicht auf den thessalischen Thron, um dessen Besitz er so viel gekämpft und gelitten hatte. Zwar tötete Medea mit List und Zauberei den alten König Pelias. Aber dessen Sohn Akastos vertrieb Jason aus dem Lande.

Er floh mit Medea, die seine Gattin geworden war, nach Korinth. Dort verlebten sie glückliche Jahre, Medea schenkte ihrem Gatten zwei Kinder.

Aber der Segen der Götter ruhte nicht auf ihrem Ehebund. Als Medea älter wurde, wandte sich Jason der schönen jungen Glauke zu, der Tochter des Königs Kreon von Korinth. Medea, die einsehen musste, dass sie ihren Gatten verloren hatte, nahm furchtbare Rache. Sie tötete durch List und Zauberei den König Kreon und ihre Nebenbuhlerin Glauke. Dann brachte sie ihre eigenen Kinder um. Als Jason, rasend vor Schmerz und Zorn, in sein Haus stürmte, um die Mörderin zu strafen, fand er seine Kinder tot in ihrem Blut, die Hexe aber fuhr auf einem Wagen, vor den ein Drache geschirrt war, durch die Lüfte davon. Da stürzte er sich in sein Schwert und starb auf der Schwelle seines Hauses.

Theseus

Geburt und Jugend

Aigeus, der König von Athen, litt sehr darunter, dass seine Ehe kinderlos geblieben war. Denn sein Geschlecht gehörte zu den ältesten des Landes, man sagte, seine Ahnen seien dem Erdboden der Heimat selbst entsprossen. Auch fürchtete er um seinen Thron, da er keinen Erben hatte, sein Bruder aber zahlreiche Söhne.

Deshalb beschloss er, sich heimlich mit einer anderen Frau zu verbinden, die ihm einen Thronerben schenken konnte. Er reiste nach Troizen zu seinem Freund Pittheus und gewann die Liebe seiner Tochter, der jungen Aithra.

Als der König Aigeus bald darauf nach Athen zurückkehren musste und am Strand von seiner Geliebten Abschied nahm, sagte er: »Wenn die Götter unsere Liebe segnen und uns einen Sohn schenken, so erziehe ihn, wie es meiner würdig ist; aber verrate niemandem, dass ich sein Vater bin.«

Dann legte er sein Schwert und seine Sandalen am Ufer nieder, wälzte einen schweren Felsblock darauf und fuhr fort:

»Erst wenn unser Sohn herangewachsen und stark genug ist, diesen Felsen zu bewegen, dann führe ihn hierher, lass ihn Schwert und Schuhe hervorholen und schick ihn zu mir nach Athen.«

Aithra gebar wirklich einen Sohn. Sie nannte ihn Theseus. Er wurde von seinem Großvater erzogen. Heimlich verbreitete man das Gerücht, er sei ein Sohn des Gottes Poseidon.

Als Theseus herangewachsen war und ein Jüngling von herrlicher Gestalt und großer Körperkraft geworden war, führte seine Mutter ihn an den Strand. Sie zeigte ihm den Felsen und erzählte ihm von seinem Vater. Der Jüngling stemmte sich gegen den Stein und wälzte ihn mit Leichtigkeit beiseite. Dann gürtete er sich das Schwert seines Vaters um, zog die Sandalen an und machte sich auf den Weg nach Athen.

»Reise mit dem Schiff, mein Sohn!«, bat ihn seine Mutter. »Der Landweg ist zu gefährlich, überall lauern Räuber und Totschläger!«

Aber der junge Theseus hatte sich den Helden Herakles, den er als Kind einmal im Hause des Großvaters gesehen hatte, zum Vorbild genommen. »Nein, Mutter«, erwiderte er. »Gerade darum will ich durch den Peloponnes wandern. Es ist Zeit, dass den Burschen das Handwerk gelegt wird, und mich hungert's nach Taten!«

Die Wanderung nach Athen

Damals machten Räuber und Wegelagerer ganz Griechenland unsicher. Nur die Städte blieben von dieser Plage verschont.

Einer von ihnen war der Straßenräuber Periphetes, mit dem Theseus schon auf dem Wege nach Korinth zusammenstieß. Er wurde Keulenschwinger genannt, weil er seine Opfer mit einer eisenbeschlagenen Keule niederschlug, um sie auszurauben. In der Gegend von Epidaurus stand er plötzlich vor Theseus und versperrte ihm den Weg.

»Willkommen!«, rief der Jüngling. »Du kommst mir gerade recht. Deine Keule kann ich gut gebrauchen, wenn ich dem Helden Herakles nacheifern will!«

Er zog sein Schwert und erschlug den Unhold nach kurzem Kampf. Seine Keule machte er zu seiner Waffe.

In der Landenge von Korinth geriet Theseus an einen anderen Wegelagerer, Sinis der Fichtenbeuger genannt. So hieß er, weil er seine Opfer zwischen zwei Fichtenstämme zu binden pflegte, deren Wipfel er mit Riesenkraft herunterbog. Hatte er sie festgebunden, dann ließ er die Bäume zurückschnellen und weidete sich an dem Anblick, wenn die Unglücklichen zerrissen wurden.

Dieses Ungeheuer streckte Theseus mit seiner Keule zu Boden und ließ ihn auf dieselbe Weise enden, wie er seine Opfer umgebracht hatte.

Bald darauf erlegte er ein gewaltiges Wildschwein, das den Bauern die Äcker verwüstete, aber in seiner Wildheit und Stärke bisher jedem Jäger Trotz geboten hatte.

An der Grenze von Megara traf Theseus auf den berüchtigten Straßenräuber Skiron, der in den Uferklippen hauste. Der zwang die Wanderer, ihm die Füße zu waschen, und stieß sie bei dieser Arbeit mit einem Tritt rücklings von den Felsen ins Meer. Mit ihm verfuhr Theseus ganz genauso, wie er es mit seinen Opfern getan hatte.

In der Nähe der Stadt Eleusis begegnete er dem Wegelagerer Kerkyon, der die Reisenden zum Ringkampf herausforderte und sie dabei umbrachte. Theseus nahm den Kampf an, siegte und befreite die Welt von diesem Ungeheuer.

Nicht weit von Athen bestand der Held sein letztes Abenteuer. Dort stieß er mit Prokrustes zusammen, dem Gliederausrenker, einem Straßenräuber von beispielloser Rohheit. Der besaß zwei Bettstellen, eine große und eine kleine. Kam ihm nun ein Fremder ins Gehege, so nahm er ihn freundlich auf und führte ihn beim Schlafengehen zu Bett. War er klein, legte er ihn in das große Bett und sprach: »Wie du siehst, mein Freund, ist das Lager zu groß für dich. Ich will dir helfen, dass du richtig hineinpasst!« Und er reckte ihn so lange, bis er seinen Geist aufgab. War er groß, so legte er ihn in das kleine Bett und sagte: »Oje, das Bett ist ein wenig klein, aber lass nur, das haben wir gleich.« Und er hackte ihm die Füße ab, die über das Bett hinausragten.

Theseus ging zum Schein auf ihn ein. Als der Riese ihn aber in das kleine Bett legen wollte, warf er den Unhold selbst hinein und kürzte ihm mit dem Schwert die langen Glieder, bis er passte.

So bestrafte der Held die Übeltäter mit ihren eigenen Methoden und befreite das Land von solcher Plage. Schnell flog der Ruhm seiner Taten ihm voraus. Er aber ließ sich von den frommen Phytaliden, bei denen er ein gastliches Quartier fand, vom vergossenen Blut reinigen und entsühnen und gelangte bald darauf nach Athen an den Hof seines Vaters.

In Athen aber herrschte Verwirrung und Zwietracht unter den Bürgern und im Haus seines Vaters stand es nicht viel besser. Dort war vor einiger Zeit die Zauberin Medea, die auf ihrem Drachenwagen Korinth und den verzweifelten Jason verlassen hatte, angekommen und hatte sich in die Gunst des Königs Aigeus eingeschlichen. Sie versprach dem alternden König, ihm durch ihre Zaubermittel die Frische der Jugend zurückzugeben.

Medea war die Einzige, die durch ihre Zauberkunst von der Ankunft des Theseus in Athen wusste. Sie redete dem König Aigeus ein, es sei ein gefährlicher Spion angekommen, den der König freundlich empfangen, aber sogleich mit Gift aus dem Wege räumen müsse.

Als Theseus unerkannt beim Frühmahl erschien, froh, sich vom Vater als Sohn entdecken zu lassen, ward ihm der Giftbecher aufgetischt. Er aber, den mehr nach der Umarmung des Vaters als nach dem Becher verlangte, zog sein Schwert. Er tat es scheinbar, um seine Fleischmahlzeit zu schneiden, in Wahrheit aber, um sich dem Vater zu erkennen zu geben.

Aigeus sah kaum das ihm wohl bekannte Schwert, als er auch schon den Giftbecher umstieß und seinen Sohn in die

Arme schloss. Voll Glück und Freude nahm er ihn bei sich auf und stellte ihn der Volksversammlung vor. Die mordlustige Zauberin aber wurde aus dem Lande vertrieben.

Die Fahrt nach Kreta

Um diese Zeit litten die Athener schwer unter dem Tribut, den der König Minos von Kreta ihnen auferlegt hatte. Als vor Jahren sein Sohn auf der Jagd in Attika getötet worden war, hatte Minos Athen mit Krieg heimgesucht und besiegt. Um Frieden zu erlangen, mussten die Athener versprechen, alle neun Jahre dem König Minos sieben Jünglinge und sieben Jungfrauen nach Kreta zu schicken. Dort wurden sie dem grässlichen Minotaurus zum Fraß überlassen. Dieses Ungeheuer, halb Mensch und halb Stier, hauste in einem großen Irrgarten, dem kretischen Labyrinth, das einst Daidalos erbaut hatte.

Zweimal hatten die Athener schon von der Blüte ihrer Jugend hierfür opfern müssen. Nun kamen die Abgesandten des Königs Minos zum dritten Mal und forderten den Tribut. Trauer und Empörung herrschten in der Stadt.

Da meldete sich Theseus, auf den kein schwarzes Los gefallen war, freiwillig zur Mitfahrt; er hoffte, das Scheusal töten und Athen von dieser Plage befreien zu können. Schweren Herzens ließ sein Vater ihn ziehen; aber er trug ihm auf, bei der Heimkehr statt des sonst üblichen schwarzen ein weißes Segel zu setzen, wenn ihm sein Vorhaben glücken sollte.

Ein Spruch des Delphischen Orakels verhieß Theseus eine glückliche Heimkehr, wenn er »die Liebe zur Führerin« wähle. Zwar verstand Theseus den Sinn nicht, aber er brachte der Göttin Aphrodite ein Opfer dar.

Am Hofe des Königs Minos in Kreta zog der junge Held sogleich die Blicke der Königstochter Ariadne auf sich. In einer geheimen Unterredung gestand sie ihm ihre Liebe. Sie gab ihm ein Knäuel Garn und riet ihm, das eine Ende am Eingang des Labyrinths festzubinden. Beim Eindringen in die Gänge des Labyrinths solle er das Garn ablaufen lassen, sodass er den Faden hernach wieder aufrollen und so den Ausgang wiederfinden könne. Auch übergab sie ihm ein wunderbares Schwert, mit dem er das Ungeheuer, den Minotaurus, töten sollte.

Theseus tat, wie ihm geraten worden war. Er betrat mit seinen Gefährtinnen und Gefährten das Labyrinth, fand den Minotaurus und tötete ihn mit der Zauberwaffe. Dann führte er seine Gefährten mithilfe des Fadens der Ariadne glücklich wieder aus dem Labyrinth ins Freie. Eilig flohen sie aufs Schiff, setzten Segel und stachen in See. Die Königstochter Ariadne nahm Theseus mit. Auf ihren Rat hatte er zuvor die kretischen Schiffe im Hafen leckgeschlagen, sodass sie ihn nicht verfolgen konnten.

Doch jetzt war es mit seinem Glück zu Ende. Denn auf der Insel Naxos musste er die Geliebte zurücklassen, weil der Gott Bakchos sie für sich begehrte. Und als sie sich dem Heimathafen näherten, vergaß Theseus, noch betäubt vom Schmerz um die verlorene Geliebte, anstatt des schwarzen

Segels das weiße aufzuziehen. Der König Aigeus, der unruhig auf dem felsigen Ufer nach dem Schiff ausspähte, sah es, glaubte seinen Sohn verloren und stürzte sich die Klippen hinunter in die Tiefe. Seitdem heißt das Gewässer das Ägäische Meer.

So war es eine traurige Heimkehr für Theseus. Aber die Athener empfingen ihren Retter und neuen König mit Jubel und Dankbarkeit.

Des Königs Theseus Glück und Ende

Nachdem Theseus König geworden war, regierte er lange Jahre mit Weisheit und staatsmännischer Kunst. Er vereinte die vielen verstreuten Höfe, Weiler und Gemeinden zum Stadtstaat Athen. Wo vorher nur die Königsburg mit wenigen umliegenden Häusern und Höfen gestanden hatte, entstand erst jetzt die Stadt Athen. Den Bürgern seines Stadtstaates gab Theseus eine freiheitliche Verfassung, der auch der König unterworfen war. Er war dem Rat und der Volksversammlung verantwortlich. Hierdurch wurde Athen zum Vorbild für viele spätere Staaten und Reiche.

Mit seiner Gemahlin Hippolyte, die er bei einem Besuch im Lande der Amazonen entführt hatte, lebte Theseus in glücklicher Ehe. Sie schenkte ihm einen Sohn, den er Hippolytos nannte.

Als später die Amazonen Athen überfielen, um den frechen Frauenraub zu rächen, entbrannte ein harter Kampf.

Die streitbaren Weiber eroberten die Stadt, Theseus zog sich mit seinen Mannen in die Burg zurück. Zwar besiegte er nach einem Ausfall die Amazonen und vertrieb sie; aber die Gemahlin Hippolyte, die an seiner Seite tapfer gekämpft hatte, fiel dabei.

Noch manches Abenteuer bestand der Held Theseus zusammen mit seinem Freund Peirithoos, einem thessalischen Fürsten, der ebenfalls einer der berühmtesten Helden seiner Zeit war.

Schließlich aber suchte er häusliches Glück am eigenen Herd. Er fand es in Ariadnes Schwester, der jungen kretischen Königstochter Phädra, die in vielem der verlorenen Geliebten ähnlich war. Theseus warb um sie bei ihrem Bruder, der König von Kreta geworden war, und der Ehebund führte zu einem Schutz- und Trutzbündnis zwischen Kreta und Athen.

Phädra schenkte ihrem Gatten zwei Söhne, aber sie blieb ihm nicht treu. Der junge Hippolytos, der in ihrem Alter war, gefiel ihr besser als der alternde Vater. In ihm sah sie Theseus im Glanz und in der vollen Schönheit der Jugend vor sich. Bald verfiel sie in eine leidenschaftliche Liebe zu ihm. Ja, sie ließ sich dazu hinreißen, ihn zum Sturz seines Vaters aufzufordern, der um diese Zeit fern von Athen auf Reisen war.

Der Jüngling war so entsetzt über dieses Ansinnen und die Verderbtheit der Stiefmutter, dass er mit ihr nicht länger unter einem Dach wohnen wollte. Er ging in die Wälder, um im Dienst der Göttin Artemis zu jagen, bis sein Vater zurück sei und er ihm sein Herz ausschütten könne.

Phädra konnte ihre Niederlage und die Schande nicht ertragen und nahm sich das Leben. Aber ihre abgewiesene Liebe schlug in Hass um und verführte sie dazu, sich noch im Tode an Hippolytos zu rächen.

Als Theseus zurückkehrte, fand er seine junge Frau erhängt und in ihrer Hand einen Brief, in dem stand: »Hippolytos hat mich belästigt. Um seinen Nachstellungen zu entgehen, blieb mir kein anderer Ausweg als der Tod.«

Theseus, getäuscht und verblendet, verfluchte seinen Sohn Hippolytos und verbannte ihn ungerichtet aus dem Lande. Seinen Worten, mit denen er seine Unschuld beteuerte, verschloss er sich und hielt ihm den Brief der toten Phädra entgegen.

Der unschuldige Jüngling bestieg seinen Wagen und fuhr davon in die Fremde. Bald darauf kam die greise Amme der Königin zu Theseus und gestand ihm die volle Wahrheit und Phädras Schuld. Und ehe der unglückliche Vater noch zur Besinnung kommen konnte, wurde auf einer Bahre der sterbende Hippolytos hereingetragen: Er war mit seinem Wagen an der Steilküste verunglückt – der Fluch des Vaters hatte sich grausam erfüllt.

So verlor Theseus an einem Tage seine Gattin und seinen Sohn. Nicht lange danach wandten sich auch die undankbaren Athener von ihm ab und verbannten ihn schließlich. Er fand in der Fremde einen gewaltsamen Tod: Lykomedes, der Beherrscher der Insel Skyros, stieß ihn hinterrücks von einem hohen Felsen in die Tiefe, wo er zerschellte.

Aber die Erinnerung an den Helden Theseus, den großen

König von Athen, blieb dennoch im Volke wach. Und als viele Jahrhunderte später die Griechen bei Marathon gegen die zehnfache Übermacht der Perser kämpften, soll ihnen der Geist des Helden erschienen sein und sie zum Sieg geführt haben.

Das Delphische Orakel gebot daraufhin den Athenern, die Gebeine des Theseus ehrenvoll zu bestatten. Aber wo sollten sie seinen Leichnam suchen, der irgendwo auf der Insel Skyros zerschmettert worden war?

Da geschah es, dass der Athener Kimon, der Sohn des Alkibiades, die Insel Skyros auf einem Feldzug eroberte. Und als er nach dem Leichnam des Theseus suchte, sah er über einem kleinen Hügel einen Adler schweben. Der Vogel schoss plötzlich herab und scharrte mit seinen Krallen die Erde des Grabhügels auf.

Kimon ließ das Grab öffnen und fand darin die Gebeine eines großen Menschen, daneben eine eherne Lanze und ein Schwert. Er zweifelte nicht daran, dass er Theseus gefunden hatte. Auf einem Kriegsschiff wurden die Gebeine des Helden nach Athen gebracht und dort mit Jubel und großer Feierlichkeit empfangen.

So erntete der Begründer der Freiheit und Größe Athens nach Jahrhunderten den Dank, den ihm die Mitwelt schuldig geblieben war. Der Heros war in seine Stadt zurückgekehrt.

Der Kampf um Troja

Der Raub der Helena

Die alte Schuld

Wo der Fluss Skamander in den Hellespont mündet, an der Nordwestecke Kleinasiens, stand in alter Zeit die Stadt Troja. Sie war auf einem Hügel rings um die feste Burg Pergamos erbaut worden, als Hauptstadt der Troer, welche die Ebene vom Meer bis an die Hänge des waldreichen Idagebirges bewohnten. Nach ihrem Gründer Ilos wurde sie auch Ilion genannt.

Eine gewaltige Mauer umschloss und schützte die Stadt, der einst Zeus und Athene besonders gewogen waren. Diese mächtige Schutzwehr war das Werk des Gottes Poseidon. Einst irrte dieser, zusammen mit Apollon, auf Erden umher, weil die beiden Götter sich gegen ihren Gebieter Zeus empört hatten und aus dem Himmel verstoßen worden waren. Da sie auf Erden nicht müßig gehen durften und ohne Arbeit nicht mit Ambrosia, der Götternahrung, gespeist wurden, boten sie dem Troerkönig Laomedon ihre Dienste an. Poseidon leitete den Bau der Mauer von Troja, Apollon weidete unterdes die Herden des Königs in den Tälern des Ida.

Aber als das Werk vollendet und die mächtige Stadtmauer fertig war, verweigerte der König Laomedon den beiden Göttern den versprochenen Lohn und jagte sie schimpflich davon. Sie schieden im Zorn und waren von nun an Todfeinde der Stadt Troja. Auch Athene entzog den Trojanern ihre Gunst und das Unheil nahm seinen Lauf.

Derselbe König Laomedon betrog auch den Helden Herakles, der seine Tochter Hesione vor dem Seeungetüm des Poseidon gerettet hatte, um die versprochene Belohnung. Herakles rächte sich später, indem er die Stadt erstürmte und den König samt seinen Söhnen tötete. Ein einziger Sohn, Priamos, wurde von seiner Schwester Hesione freigekauft. Er wurde König und heiratete Hekabe, eine phrygische Königstochter.

Hekabe schenkte ihrem Gatten einen Sohn, den sie Hektor nannten. Als sie ihr zweites Kind bekommen sollte, hatte sie eines Nachts einen schrecklichen Traum. Ihr war, als brächte sie eine brennende Fackel zur Welt, die ganz Troja in Feuer und Asche legte.

Erschrocken erzählte sie Priamos ihren Traum. Der ließ einen Wahrsager rufen und erhielt von ihm das Orakel: Die Königin werde einen Sohn gebären, der seine Vaterstadt zugrunde richten werde.

Als Hekabe nun wirklich einem Sohn das Leben schenkte, beschlossen die Eltern, das Kind auszusetzen. Ein Diener musste es ins Gebirge bringen und dort allein lassen.

Nach fünf Tagen kehrte dieser Diener namens Agelaos an jene Stelle zurück und fand das Kind gesund und munter;

eine Bärin hatte es mit ihrer Milch genährt. Da nahm Agelaos den Knaben mit in seine Hütte. Er zog ihn auf wie ein eigenes Kind und nannte ihn Paris.

So wuchs der Königssohn unter Hirten im Gebirge auf und war schließlich ein schöner und starker Jüngling geworden, der die Herden und Hirten im Idagebirge vor Räubern und wilden Tieren schützte.

Der goldene Apfel

Eines Sommertags stand Paris, an einen Baum gelehnt, auf einer Bergwiese und blickte hinab auf die Türme und Dächer der Stadt Troja, die weite Ebene und das blaue Meer in der Ferne.

Da fühlte er plötzlich die Erde beben wie von mächtigen Schritten, und als er sich umwandte, stand Hermes, der geflügelte Götterbote, vor ihm. Er hob seinen goldenen Heroldsstab und sagte:

»Sei ohne Furcht, Paris. Gleich werden drei Göttinnen zu dir kommen. Sie haben dich zum Schiedsrichter gewählt: Du sollst entscheiden, welche von ihnen die Schönste ist.«

Kaum war Hermes auf seinen Fittichen davongeflogen, als die drei Göttinnen erschienen. Alle drei waren von so strahlender Schönheit, dass sich Paris auf den ersten Blick für keine von ihnen hätte entscheiden können.

Aber nun sagte die größte und stolzeste unter ihnen: »Sieh mich an, Paris, ich bin Hera, die Gemahlin des Zeus.

Und nimm hier diesen goldenen Apfel mit der Aufschrift ›Der Schönsten‹ – wenn du ihn mir zusprichst, sollst du Herr über das größte Reich dieser Erde werden.«

»Und ich«, sagte die nächste, in deren Antlitz sich Schönheit und Klugheit paarten, »bin Pallas Athene. Wenn du mir den Apfel zuerkennst, wirst du den höchsten Ruhm unter den Menschen gewinnen.«

Die dritte hatte bisher die Augen niedergeschlagen. Als sie nun den Blick erhob, erschien sie Paris an Liebreiz und Anmut unvergleichlich. Sie sprach: »Ruhm und Herrschaft, Paris, sind mit Mühe und Gefahr verbunden. Ich will dir etwas geben, was du nur zu lieben brauchst, um damit glücklich zu werden: Das schönste Weib der Erde sei dein, wenn du mir den Apfel gibst. Ich bin Aphrodite, die Göttin der Liebe.«

Wie sie so vor ihm stand, geschmückt mit ihrem Gürtel, der ihr den höchsten Zauber der Anmut verlieh, erschien sie Paris unübertrefflich schön. Und er gab Aphrodite den Apfel. Hera und Athene aber schieden im Zorn und schworen, ihn, seinen Vater Priamos, ja das Volk und Reich der Troer zu verderben.

Paris und Helena

Nicht lange danach fanden Kampfspiele in Troja statt, an denen ein unbekannter junger Hirt aus dem Gebirge teilnahm. Er siegte über die besten Jünglinge der Stadt und übertraf auch die Söhne des Königs Priamos, ja selbst den Helden Hektor.

Alles Volk staunte. Aber die Königstochter Kassandra, der die Götter die Sehergabe verliehen hatten, erkannte ihn als den ausgesetzten Bruder. Da waren alle froh, und die Eltern nahmen ihn als ihren Sohn auf, ohne des bösen Orakels bei seiner Geburt zu gedenken.

Einst hatte Herakles, nach der Eroberung von Troja, die Königstochter Hesione seinem Freunde Telamon als Kriegsbeute gegeben. Zwar war sie dessen Gattin geworden, aber der König Priamos hatte den Raub seiner Schwester nie verschmerzt. Schon einmal hatte er vergeblich eine Gesandtschaft ins Land der Griechen geschickt, um die Schwester zurückzuholen; aber sie war schmachvoll abgewiesen worden. Jetzt entschloss er sich, ein großes Heer auszurüsten und es unter dem Befehl seines Sohnes Paris nach Griechenland zu entsenden, um Hesione mit Gewalt heimzuholen. Zuvor sollte Paris nach Sparta reisen, um dort den letzten Versuch zu einer gütlichen Einigung zu machen.

Um diese Zeit aber war der Spartanerkönig Menelaos auf einer Schiffsreise abwesend. Helena, seine Gattin, hielt allein Hof; sie galt als die schönste Frau ihrer Zeit.

Die trojanische Flotte landete auf der Insel Kythera, von wo Paris mit seinem Schiff nach Sparta aufbrechen wollte. Ehe er seine Reise antrat, brachte er in einem der Göttin Aphrodite geweihten Tempel ein Opfer dar.

Inzwischen war die Ankunft der trojanischen Flotte auf der Insel Kythera auch in Sparta gemeldet worden und die

Königin Helena hörte von dem prächtigen Königssohn und seinem Gefolge. Weibliche Neugier und die Langeweile verleiteten sie, nach Kythera hinüberzufahren. Sie wollte dort, um den äußeren Schein zu wahren, im Tempel der Aphrodite ein Opfer bringen.

Helena betrat den Tempel in dem Augenblick, als Paris soeben sein Opfer vollbracht hatte. Sobald er die schöne Gestalt sah, ließ er die erhobenen Arme sinken und verharrte sprachlos in Staunen. Er glaubte, die Göttin Aphrodite sei ihm erschienen.

Doch dann begriff Paris, dass er die Fürstin Helena vor sich hatte, deren Schönheit in aller Munde war. Und obwohl er wusste, dass sie die Gemahlin des Königs Menelaos war, fühlte er die Gewissheit: Dies war das herrliche Weib, das Aphrodite ihm versprochen hatte.

Helena setzte seiner Werbung nur schwachen Widerstand entgegen. Zwar kehrte sie nach Sparta zurück. Aber als Paris mit seinen Mannen am nächsten Tag den Königspalast stürmte und die schöne Helena entführte, war sie nicht unglücklich darüber. Auch dass die Trojaner die Schätze des Königs Menelaos mitgehen ließen, störte sie nicht. Als die trojanische Flotte auf der Heimfahrt an einer Insel anlegte, um den Erfolg ihrer Fahrt mit einem Fest zu feiern, hielt sie Hochzeit mit Paris.

Der aber dachte nicht mehr an den Auftrag, den sein Vater Priamos ihm und dem Heer der Troer erteilt hatte. Er hatte gefunden, wonach sein Herz begehrte, die schönste Frau der Erde war sein. Erst Monate später kehrte er nach Troja zurück.

Die Griechen ziehen gegen Troja

Durch ganz Griechenland ging ein Schrei der Empörung, als die Entführung der schönen Helena und der Rechtsbruch der Trojaner bekannt wurden. Menelaos rief zu einem Rachefeldzug gegen Troja auf. Von überall her kamen die Fürsten und Helden zu dem Sammelplatz Aulis in Böotien. Denn der König von Sparta und sein Bruder Agamemnon, der auf dem Thron von Mykene saß und über Argos herrschte, waren die mächtigsten und angesehensten Fürsten im Lande der Griechen. Alle anderen Stämme waren ihnen durch ein Bündnis zur Hilfeleistung verpflichtet.

Es dauerte ein volles Jahr, bis die griechische Flotte und das große Heer in Aulis versammelt waren. Alle großen Namen waren dabei: voran Agamemnon und Menelaos, die beiden Söhne des Atreus, auch Atriden genannt; der Held Diomedes, der große Ajax, Sohn des Telamon aus Salamis, und der kleine, flinke Ajax aus dem Lande der Lokrer. Auch der greise Nestor war dabei. Und viele andere blieben noch zu nennen.

Nur zwei berühmte Helden fehlten noch. Der listenreiche Odysseus aus Ithaka hatte keine Neigung, der treulosen Helena zuliebe sein junges Weib und den kleinen Sohn Telemachos zu verlassen. Und als der König Menelaos selbst zu ihm kam, um ihn an seine Bündnispflicht zu erinnern, tat er, als wäre er närrisch geworden. Er schirrte anstelle der Ochsen einen Esel vor den Pflug und säte Salz in die Furche.

Doch Menelaos durchschaute ihn. Heimlich holte er den kleinen Telemach aus seiner Wiege und legte ihn auf den Acker, sodass der Pflug über ihn hinweggehen musste. Da hob der Vater den Pflug sorgsam über das Kind hinweg, König Menelaos lachte laut auf und Odysseus hatte sich verraten. Nun konnte er sich nicht länger weigern und fuhr bald darauf mit zwölf bemannten Schiffen nach Aulis.

Der andere Fürst, der noch fehlte, war Achilleus. Von ihm wusste man nicht einmal, wo er sich aufhielt. Er war der Sohn des Peleus und der Meergöttin Thetis. Seine Mutter hatte ihn heimlich über einem himmlischen Feuer unverwundbar gemacht, war aber dabei gestört worden, sodass die Ferse, an der sie ihn gehalten hatte, als einziger Körperteil verletzlich geblieben war. Später hatte ihn der Kentaur Chiron erzogen, der schon so viele Helden ausgebildet hatte.

Als Achill neun Jahre alt war, weissagte der griechische Seher Kalchas, dass der Stadt Troja im fernen Asien der Untergang durch griechische Waffen beschieden sei; die Stadt könne aber nicht ohne den Knaben Achill bezwungen werden.

Dies hörte seine Mutter Thetis. Und da sie wusste, dass der Trojanische Krieg ihrem Sohn den Tod bringen würde, stieg sie empor aus dem tiefen Meer und entführte den Knaben. Sie steckte ihn in Mädchenkleider und brachte ihn auf die Insel Skyros zu dem Fürsten Lykomedes, wo er als Mädchen unter Jungfrauen heranwuchs.

Weil Achill für den Zug gegen Troja unentbehrlich war, gab der Seher Kalchas, dem nichts verborgen blieb, sein Geheimnis preis. Daraufhin entsandten die Fürsten Odysseus und Diomedes, die ihn holen sollten. Doch sosehr die beiden auch unter den Jungfrauen der Insel Skyros Ausschau hielten, sie konnten Achill nicht entdecken.

Da griff Odysseus zu einer List. Er ließ alle Jungfrauen in einem Saal versammeln, in den er zuvor einen Schild und einen Speer gebracht hatte. Dann ließ er plötzlich das Horn zum Alarm blasen, als ob der Feind anrückte. Sofort stoben die Mädchen nach allen Seiten davon. Achill aber blieb allein im Saal zurück und griff zu den Waffen. So gab er sich zu erkennen. Und nun war er sogleich bereit, mit seinem Freund Patroklos und fünfzig bemannten Schiffen zum Griechenheer zu stoßen.

Nachdem die Trojaner die Auslieferung der geraubten Königin Helena abgelehnt hatten, brachen Heer und Flotte der Griechen nach Troja auf. Der Völkerfürst Agamemnon führte den Oberbefehl. An der Mündung des Skamander zogen sie die Schiffe auf den Strand und errichteten mit Zelten und schilfgedeckten Hütten ihr befestigtes Lager. Vier Stunden weit breitete sich vor ihnen die troische Ebene aus, wie geschaffen zum Schlachtfeld. In ihrer Mitte erhob sich mit hohen Mauern, Zinnen und Türmen die mächtige Stadt Troja.

Hier, in der Ebene und vor den Mauern der Stadt, entbrannte nun der Kampf der Völker. Tapfere Helden fochten auf beiden Seiten. Bei den Trojanern war es Hektor, des Priamos ältester Sohn, der alle an Mut und Kraft überragte.

Unter den Griechen war der Halbgott Achilleus unvergleichlich, aber auch der mächtige Ajax, der Telamonier, war ein furchtbarer Kämpfer. Selbst die Götter griffen in den Kampf ein: Hera und Athene, Hermes und Poseidon auf Seiten der Griechen und für die Trojaner Ares, Apollon und Aphrodite, die ja den Streit verursacht hatte.

Meist zogen sich die Trojaner in die festen Mauern ihrer Stadt zurück, und die Griechen belagerten sie und verheerten die Städte und Gebiete der Umgebung, um Nahrung für das Heer zu erbeuten. Allein Achill eroberte und plünderte mit seinen Myrmidonen zu Schiff zwölf und zu Lande elf Städte, die sämtlich mit Troja verbündet waren. Von einem solchen Zug brachte er die wunderschöne Jungfrau Briseis als Beute mit.

Neun Jahre dauerte der Kampf um Troja nun schon und noch immer war kein Ende abzusehen. Keiner der beiden Gegner vermochte den anderen zu besiegen. Aber als das zehnte Jahr anbrach, flammte der Hass der Völker feuriger auf als zuvor, und die Götter selbst drängten, die einen auf dieser, die andern auf jener Seite, auf eine Entscheidung.

Von diesem zehnten Jahr des Kampfes um Troja ist zehnmal mehr erzählt und gesungen worden als von den neun andern. Denn hier hebt das Lied des großen Dichters Homer an, die »Ilias«. Sie berichtet vom Zorn des Achill und von allem Unheil, das der Groll ihres größten Helden über die Griechen brachte.

Vom Zorn des Achill

Die Beleidigung

Bei einem ihrer Beutezüge hatten die Griechen eine kleine Stadt geplündert, in der sich ein Heiligtum des Gottes Apollon befand. Dabei hatten sie dem Priester Chryses die Tochter entführt. Da sie eine besonders schöne Jungfrau war, erhob Agamemnon Anspruch auf sie. Er nahm Chryseis, so hieß das Mädchen, zu sich in sein Zelt.

Bald darauf kam der unglückliche Vater mit reichen Gaben und Lösegeld ins Griechenlager, um seine Tochter freizukaufen. Alle waren dafür, ihm seine Bitte zu erfüllen. Aber der König Agamemnon wollte nicht von der schönen Chryseis lassen und jagte ihren Vater mit Schimpf und Schande davon.

Klagend irrte der Arme am Strand umher. Er hob die Hände zum Himmel und flehte den Gott an, dessen Diener er war: »Höre mich, großer Apollon, dem ich mein Leben geweiht habe: Räche deinen Priester und strafe die Griechen mit deinen Geschossen, weit treffender Apoll!«

Und der Gott erhörte seinen Priester. Er kam vom Olymp herab in die Nähe des Griechenlagers und ließ seine dunklen

Pfeile von der Bogensehne schwirren. Keines der tödlichen Geschosse verfehlte sein Ziel, und wen sie trafen, den raffte die schwarze Pest dahin. Zuerst wählte er die Tiere zum Ziel, dann die Menschen.

Tag und Nacht loderten die Scheiterhaufen, mit denen die Toten verbrannt wurden. Neun Tage lang wütete die Pest im Lager der Griechen. Am zehnten Tage berief Achill eine Versammlung ein und riet, den Seher Kalchas nach den Ursachen des Unheils zu befragen.

Kalchas wusste wohl, was den Zorn des Gottes erregt hatte. Aber er verlangte zunächst den Schutz des Achill. Und als ihm dieser zugesagt wurde, sagte er:

»Apollon zürnt uns, weil Agamemnon seinen Priester misshandelt hat. Er wird die Seuche nicht eher von uns nehmen, bis wir Chryseis mit reichlichem Sühnegeld ihrem Vater zurückgegeben haben!«

Agamemnon kochte vor Wut. »Du Unglücksseher«, rief er, »noch nie hast du mir etwas Gutes vorausgesagt, und jetzt willst du mich um das Liebste bringen, was ich habe!« Aber dann bezwang er sich und fuhr fort, mit einem grimmigen Seitenblick auf Achill: »Doch ich will nicht, dass das Volk weiter leidet. Ich gebe Chryseis frei, aber ich verlange Ersatz dafür!«

»Ersatz?«, erwiderte Achill stirnrunzelnd. »Wie denkst du dir das? Alle Beute ist längst verteilt. Und wenn neue Beute gemacht wird, beanspruchst und erhältst du ohnehin stets den besten Teil. Was willst du noch? Genügt dir das immer noch nicht?«

»Ich verlange Briseis!«, rief Agamemnon. »Glaubst du, ich gebe meine Ehrengabe her und du kannst die deine behalten? O nein. Gib sie heraus, damit du ein für alle Mal siehst, wer hier der Mächtigste ist!«

Außer sich vor Zorn griff Achill zum Schwert. Und es wäre wohl um den König Agamemnon geschehen gewesen, hätte nicht die Göttin Athene unsichtbar eingegriffen und den Peliden besänftigt. Er stieß sein Schwert in die Scheide zurück und sagte grollend:

»Ein Narr war ich, Agamemnon, dass ich dir gefolgt bin, um hier gegen die Trojaner zu kämpfen, die mir nichts getan haben. Nur um deinen Bruder Menelaos zu rächen, bin ich mit dir gezogen, und so dankst du mir! Wo warst du, Agamemnon, als die Edelsten der Griechen um Sieg und Beute kämpften? Du hockst in deinem Zelt und lässt dir das beste Stück bringen, und nun willst du mir wegnehmen, was ich mir mit meinem Schwert erkämpft habe! Du solltest dich schämen ...«

Hin und her ging der Streit zwischen dem König Agamemnon und dem größten Helden der Griechen.

Vergeblich versuchte der greise Nestor, die beiden zu versöhnen. Endlich rief Achill:

»Tu, was du willst, Agamemnon. Aber du wirst es bitter bereuen! Vergeblich wirst du um Hilfe rufen, wenn der männermordende Hektor die Griechen reihenweise niedermäht. Ich schwöre dir: Den Sohn des Peleus siehst du nicht mehr in der Schlacht!«

Er wandte sich um und ging davon. Zwar war der Gott

Apollon nun besänftigt, als sein Priester die Tochter Chryseis wieder in die Arme schließen konnte. Aber Achill, der die liebliche Briseis hergeben musste, verließ das Lager und ging voll Zorn und Trauer hinunter an den Strand. Dort setzte er sich auf einen Stein, starrte in die dunkle Flut und flehte seine Mutter, die Meergöttin Thetis, um Hilfe an.

Da erklang ihre Stimme aus der Tiefe: »Weh über dich, mein armes Kind! So kurz nur ist dein Leben und jetzt musst du auch noch Kummer und Kränkung erleiden. Aber sei getrost. Sobald Zeus aus dem fernen Afrika zurück ist, in zwölf Tagen, eile ich hinauf zum Olymp. Ich will seine Knie umfassen und ihn um Hilfe bitten. Bis dahin bleib du bei deinen Schiffen, und folge nicht, wenn sie dich in die Schlacht rufen!«

Agamemnons Traum

Elf Tage lang blieb Achill in seinem Zelt und grollte. Als der zwölfte Tag graute, tauchte die Meergöttin Thetis aus der Flut und fuhr hinauf zum Olymp. Sie umfing die Knie des Göttervaters und bat ihn, das Unrecht zu rächen, das ihrem Sohn Achill widerfahren war. Erst schwieg Zeus unwillig, denn er wusste, dass seine Gemahlin Hera die Trojaner hasste, weil Paris ihr den Apfel nicht gegeben hatte. Aber dann versprach er Thetis, den Trojanern so lange den Sieg zu verleihen, bis die Griechen und ihr König Agamemnon Achill um Verzeihung gebeten hätten.

Er sandte den Traumgott hinab ins Lager der Griechen. Dort erschien dieser dem König Agamemnon nachts in der Gestalt des greisen Nestor und verhieß ihm den baldigen Sieg. Die Stunde sei gekommen, so laute die Botschaft des Zeus, da die Stadt Troja fallen werde. Der König solle sein Heer in die Schlacht führen.

Als Agamemnon erwachte, rief er sogleich die Griechenfürsten zum Rat zusammen. Er erzählte ihnen von seinem Traum und sagte dann:

»Lasst das Volk versammeln, ihr Fürsten der Danaer, ich will zu ihm sprechen. Es soll wissen, wie Zeus mich, seinen König und Anführer, ausgezeichnet hat und was es mir verdankt. Deshalb will ich zuerst seinen Mut dämpfen. Und wenn alle kleinmütig sind, dann erzähle ich von meinem Traum und dem Sieg, den Zeus mir verheißen hat. Ihr sollt sehen, wie sie dann jubeln und in die Schlacht stürmen!«

Neun Herolde riefen das Volk auf dem großen freien Platz zusammen, der sich in der Mitte des Griechenlagers erstreckte. Als alle geordnet waren und sich niedergesetzt hatten, trat Agamemnon in ihre Mitte und hob seinen Königsstab. Der Lärm verstummte, selbst das Flüstern erstarb und der Atride begann:

»Meine Freunde! Ihr heldenmütigen Krieger des Danaervolkes! Einst hat Zeus mir gnädig versprochen, dass ich als Zerstörer Trojas heimkehren solle. Neun Jahre habe ich darauf gehofft und euer Mut war meine Stärke. Ihr habt gekämpft wie die Löwen und lang ist die Reihe der Gräber an diesem Strand geworden. Doch was hat es genützt? Seht hin, dort steht die Stadt Troja unzerstört und trotzt unserm Mut! Und blickt ihr zum Strand, dann seht ihr unsere Schiffe: Ihr Holz ist rissig geworden, die Taue brüchig, und wenn wir noch lange warten, ist die griechische Flotte nicht mehr seetüchtig. Es muss ein Ende gemacht werden! Denn es wird Zeit, dass wir endlich heimkommen zu unsern Frauen und Kindern…«

»Ja! Wir wollen heim!«, riefen ein paar aus dem Volke. Und ehe Agamemnon weiterreden und von seinem Traum und dem nahen Sieg sprechen konnte, erhob sich ein brausender Ruf über das ganze Lager der Griechen:

»Nach Haus! In die Heimat! Auf zu den Schiffen – wir wollen heim!«

Niemand konnte verhindern, was nun geschah: Wie Wogen im Sturmwind erhob sich das ganze Heer und stürzte zu den Schiffen, dass der Staub aufwallte und das Lager einhüllte. Sogleich begannen die Vordersten, die Hölzer unter den Schiffskielen wegzuräumen, um die Schiffe ins Meer zu ziehen.

Gewiss hätte das Griechenheer unrühmlich und in regelloser Flucht das Lager und den trojanischen Kampfplatz verlassen, wenn nicht die Götter im Olymp selbst eingegriffen hätten. Sie sandten Pallas Athene hinab, die den Fürsten der Danaer Mut zusprach und sie das Volk zurückholen hieß.

Vor allem Odysseus war es, der unermüdlich durch die Menge eilte und mit mächtiger Stimme zu Vernunft und Ordnung rief. Und immer mehr von den Griechenfürsten taten wie er.

Allmählich kam das Volk zur Besinnung und kehrte zurück zum Versammlungsplatz. Alle setzten sich wieder, der Lärm verebbte. Nur einer war noch zu hören, eine Stimme krächzte misstönend und spie Gift und Galle gegen die Danaerfürsten. Sie gehörte Thersites, dem hässlichsten Mann im Griechenlager. Er lahmte auf dem rechten Fuß und schielte mit dem linken Auge; ein Höcker saß ihm auf dem Rücken und über den schiefen Schultern thronte ein kahler Spitzschädel.

Vor allem auf Achill und Odysseus hatte er es abgesehen, sein Schandmaul lästerte unaufhörlich gegen sie. Heute aber hatte er den Völkerfürsten Agamemnon aufs Korn genommen.

»Was willst du eigentlich noch hier, Atride?«, rief er. »Hast du noch immer nicht genug? Dein Zelt ist voll von geraubtem Gold und von Weibern, du lässt es dir wohl sein und wir sollen für dich unsere Knochen hinhalten! Schluss jetzt! Lasst uns heimsegeln, statt den hier mit unserm Blut reich zu machen! Er kann den Hals nicht voll kriegen. Selbst den mächtigen Achill hat er gedemütigt und ihm sein Beutemädchen weggenommen. Aber der träge Pelide hat keine Galle mehr im Leib, sonst hätte der Tyrann wohl zum letzten Mal gefrevelt!«

Inzwischen war Odysseus herangekommen und stand hinter ihm. Er schlug Thersites sein Zepter über den Buckel und rief:

»Willst du wohl dein Schandmaul halten, du Lump! Ein Wort noch, und ich lasse dir die Kleider vom Leibe reißen und dich nackt bis zu den Schiffen prügeln!«

Heulend entwich Thersites, die Menge lachte und freute sich, dass dem ekelhaften Kerl das Giftmaul gestopft worden war. Odysseus aber erhob sein Zepter zum Zeichen, dass er reden wollte, und hielt eine feurige Ansprache. Er ermahnte das Volk, sich nicht unbedacht um die Früchte des langen Krieges zu bringen und noch bis zum Sieg, der nahe sei, auszuhalten. Er erinnerte an die alte Weissagung des Sehers Kalchas, wonach Troja im zehnten Kriegsjahr fallen werde.

Endlich konnte dann auch Agamemnon von seinem Traum erzählen und dass ihm Zeus den baldigen Sieg verheißen habe. Er rief die Griechen zur Schlacht. Und unter dem Jubel des Volkes formierte sich das Griechenheer zur Schlachtordnung, geführt von seinen Fürsten. Allen voran schritt, herrlich gerüstet, der König Agamemnon.

Zweikampf um Helena

Das griechische Heer stand schon eine Weile zum Kampf bereit, als die Trojaner endlich in einer riesigen Staubwolke anrückten. Kaum hatten sich die Heere einander auf Speerwurfweite genähert, da löste sich aus den Reihen der Trojaner eine Gestalt: In blitzender Rüstung, ein Panterfell um die Schultern gehängt, trat Paris vor. Er schwenkte seinen Speer und rief:

»Ihr Griechen, wählt den Tapfersten unter euch aus, ich fordere ihn zum Zweikampf!«

Menelaos erkannte sofort seinen schlimmsten Feind, der

ihm die Frau geraubt hatte. Wie der Löwe auf das lang erwartete Wild, so sprang er vom Wagen herab und stürzte sich auf Paris.

Als der seinen Gegner, von dem er ja das Schlimmste erwarten musste, näher kommen sah, erblasste er und wich Schritt für Schritt zurück, bis sich die Reihen der Trojaner um ihn geschlossen hatten.

Aber sein Bruder Hektor schalt ihn einen Feigling: »Was soll nun all deine Schönheit«, rief er, »wenn du das Herz eines Hasen hast! Du konntest seine Frau verführen – nun steh wenigstens gerade, wenn er dir als Mann gegenübertritt. Mach uns hier nicht zum Gespött der Griechen!«

Es blieb Paris nichts anderes übrig, er musste sich zum Kampf stellen. »Nun gut«, rief er, »kämpfen wir also um den höchsten Preis, der zu vergeben ist, um Helena. Wer Sieger bleibt, soll sie mit all ihren Schätzen heimführen. Und die Völker können in Frieden voneinander ablassen!«

So wurde es beschlossen und feierlich mit einem gemeinsamen Opfer zwischen den Schlachtreihen als Vertrag bekräftigt. Die Krieger der Griechen und der Trojaner legten die Waffen ab und sahen, auf ihre Schilde gelehnt, dem Zweikampf zu. Hoch oben auf dem Turm über dem skäischen Tor saß König Priamos mit den Ältesten der Stadt Troja.

Die schöne Helena weilte unterdes in ihrem Gemach und webte an einem Stoff, in den sie die kämpfenden Gestalten der Griechen und der Trojaner wirkte. Da kam die Götterbotin Iris zu ihr in der Gestalt einer Tochter des Priamos und erzählte ihr von dem bevorstehenden Kampf. Heimweh nach

Griechenland und Sehnsucht nach ihrem ersten Gatten Menelaos beschlich Helenas Herz. Sie hüllte sich in ihren silbernen Schleier, damit niemand ihre Tränen sähe, und eilte zum skäischen Tor. Dort setzte sie sich zu den Alten, um dem Kampf zuzusehen.

Die Alten bewunderten ihre Schönheit und sagten: »Kein Wunder, dass um solch eine Frau die Völker verbluten!« Priamos, der ihre Tränen bemerkte, tröstete sie und ließ sich von ihr die Namen der griechischen Helden nennen, die aus der Menge hervorragten.

Inzwischen schritten Hektor und Odysseus den Kampfplatz ab und schüttelten zwei Lose in einem Helm, wer von den beiden Kämpfern den ersten Wurf haben sollte. Das Los des Paris sprang als Erstes aus dem Helm.

Der Kampf begann. Paris warf den Speer mit aller Kraft, aber die Spitze bog sich am ehernen Schild seines Gegners krumm, er fiel kraftlos zu Boden.

Nun schleuderte Menelaos seinen Speer, der durch Schild und Rüstung drang und Paris in der Seite ritzte, und sprang sogleich mit gezogenem Schwert hinterdrein. Er hieb Paris auf den Helm, klirrend zersprang die Klinge.

»Grausamer Zeus«, rief Menelaos, »du gönnst mir den Sieg nicht!«

Dann ergriff er Paris am Helm und zog ihn mit sich der griechischen Linie zu. Er hätte ihn sonstwohin geschleift und gewiss mit dem Kinnriemen erwürgt – wenn nicht die Göttin Aphrodite eingegriffen hätte. Sie ließ den Riemen reißen, hüllte ihren Liebling Paris in eine Wolke und entführte ihn in die Stadt Troja. In seinem Schlafgemach legte sie ihn auf sein Bett.

Dort fand ihn Helena. Und er sah nicht aus wie ein Krieger, der von einem Zweikampf kam, sondern geschmückt und gekleidet wie zum Tanz. Sie schmähte ihn mit verächtlichen Worten. Er aber umgarnte mit Aphrodites Hilfe ihr Herz. Und während draußen auf der Walstatt Menelaos noch wutschnaubend nach seinem verschwundenen Gegner suchte, fand Paris Trost und Freude in Helenas Armen.

Agamemnon aber erhob seine Stimme und forderte, da Menelaos gesiegt hatte, Helena und ihre Schätze zurück. Doch die Trojaner schwiegen.

Schlacht der Menschen und Götter

Droben im Olymp hatten sich die Götter versammelt und blickten hinab auf das Schlachtfeld vor Troja. Und die einen wünschten den Griechen den Sieg, die anderen den Trojanern, es fehlte nicht viel, da wäre unter den Himmlischen offener Streit ausgebrochen. Doch weil sie unter den Augen des Göttervaters keinen Zank wagten, waren bald einige verschwunden, um unten in den Kampf einzugreifen.

Athene war die Erste, die hinabeilte. Wahrscheinlich war sie es, die dem tapferen Pandaros den bösen Gedanken eingab, mit seinem Pfeil den beschworenen Waffenstillstand zu brechen. Jedenfalls sah Pandaros, der als Verbündeter der Trojaner mit einer Kriegerschar aus Lykien gekommen war, den König Menelaos frohlockend als Sieger dastehen. In seiner glänzenden Rüstung bot er ein weithin sichtbares Ziel. Welchen Ruhm, Pandaros, muss es dir bringen – und welche Belohnung von Paris –, wenn du den Bogen spannst, den Pfeil auf die Sehne legst und dem hochmütigen Spartanerkönig einen Gruß zwischen die Rippen sendest?

Gedacht, getan. Die Bogensehne knallte, der Pfeil schwirrte und hätte Menelaos tödlich getroffen, wenn nicht Athene das Geschoss gestreift und ein wenig abgelenkt hätte. So traf der Pfeil des Königs Leibbinde, nachdem er den Panzer durchschlagen hatte, und ritzte Menelaos nur die Haut.

Dennoch rann ein Faden dunklen Blutes am Schenkel des Königs herab. Agamemnon erschrak und glaubte den Bruder tödlich getroffen. Doch Menelaos rief ihm zu: »Es war nur ein Streifschuss!« Er ließ sich verbinden und blieb auf dem Schlachtfeld.

Zunächst hatten nur die Umstehenden bemerkt, was geschehen war. Dann aber ging die Nachricht vom Eidbruch des Pandaros wie ein Lauffeuer durch das Griechenheer. Voll Zorn erhoben die Griechen die Waffen und drangen stürmisch auf die Trojaner ein.

Sofort entbrannte die Schlacht. Schilde krachten aufeinander, Speere flogen hinüber und herüber, Schwerter klirrten und dröhnten auf Helm und Harnisch. Das Feldgeschrei der beiden Heere brandete auf und vermählte sich mit dem Lärm der Waffen zu einem brausenden Meer.

Mit gewaltigen Streichen schlug sich der große Ajax, der Telamonier, Bahn durch die Reihen der Troer. Auf der anderen Seite kämpften Hektor und sein Schwager Aeneas mit großer Tapferkeit. Der Schlachtruf der Götter mischte sich unter den Menschenlärm; der Kriegsgott Ares selbst ermutigte die Trojaner, Pallas Athene feuerte die Reihen der Griechen an. Hin und her wogte die Schlacht. Da verlieh Pallas Athene dem Griechen Diomedes Götterkraft und ließ ihn tief in die feindlichen Reihen vorstoßen. Dann nahm sie ihren Bruder Ares bei der Hand und sagte:

»Komm, Bruder, wir wollen Troer und Griechen sich selbst überlassen und abwarten, wem unser Vater Zeus den Sieg verleiht!«

Ares ließ sich von seiner Schwester vom Kampfplatz wegführen und die Sterblichen blieben unter sich. Doch der Kriegsgott wusste nicht, dass Athene ihren Liebling Diomedes mit Götterkraft ausgerüstet hatte, sonst wäre er wohl geblieben.

Nun aber bedrängten die Griechen die Trojaner immer härter. Vor allem Diomedes pflügte durch die Reihen der Feinde wie ein Stier durch den Acker und brachte vielen den Tod.

Wie er bald hier, bald dort auftauchte und seine Gegner fällte wie junge Bäume, erblickte ihn Pandaros. Sofort richtete er seinen Bogen auf ihn und schoss ihn in die Schulter, dass sich der Harnisch rot färbte.

Aber Diomedes war nicht tödlich getroffen. Er ließ sich den Pfeil aus der Wunde ziehen, dass das Blut durch die Panzerringe quoll. Dann sprach er ein inbrünstiges Gebet zu Pallas Athene und bat sie, ihm Kraft zu geben, damit er den Feind töten könne, der ihn mit seinem Pfeil getroffen habe und nun frohlocke.

Athene erhörte sein Gebet und gab ihm Kraft und Gesundheit zurück. Und Diomedes eilte wieder in die vorderste Reihe und kämpfte, erneut mit höchstem Mut und der Kraft des Berglöwen ausgerüstet. Abermals fällte er viele Gegner.

Das sah Aeneas, der tapfere Schwiegersohn des Königs Priamos. Er fürchtete, dass die Trojaner nicht länger standhalten würden. Deshalb sagte er zu Pandaros: »Wo bleibt dein Pfeil, du bester aller Bogenschützen? Sieh an den Wüterich, er verlangt nach einem Gruß von dir!«

»Es geht nicht mit rechten Dingen zu!«, antwortete Pandaros. »Das ist Diomedes, den ich vorhin mit meinem Pfeil erschossen habe. Nur ein Gott kann ihn geheilt und wieder in die Schlacht geschickt haben! Ich habe kein Glück mit meinen Pfeilen – sie treffen, aber sie töten nicht, und meine Feinde kehren nur um so zorniger in die Schlacht zurück. Wenn der Kampf vorüber ist, will ich meinen Bogen zerbrechen.«

Doch Aeneas ließ ihn auf seinen Streitwagen steigen und fuhr mit ihm über das Feld auf Diomedes zu. Dieser warf sogleich seinen Speer mit Götterkraft und traf Pandaros ins Gesicht, dass er sterbend vom Wagen stürzte. Aeneas sprang herab und trat neben den Toten, um ihn vor Plünderung zu schützen.

Da ergriff Diomedes einen großen Stein, den zwei Männer nicht hätten heben können, und schleuderte ihn auf Aeneas. Er traf den Sohn des Anchises an der Hüfte, dass er in die Knie brach. Und es wäre um Aeneas geschehen gewesen, wenn ihn nicht seine Mutter Aphrodite in ihren silbernen Mantel gehüllt und aus der Schlacht getragen hätte.

Diomedes aber hatte Aphrodite erkannt. Voll Zorn stieß er mit dem Speer nach ihr und verwundete sie an der Handwurzel. Die Göttin schrie auf, ließ Aeneas fallen und floh entsetzt zum Olymp hinauf. Dort empfing der Göttervater sie lächelnd und sagte: »Siehst du, das kommt davon, wenn du dich in das harte Handwerk des Krieges einlässt. Bleib bei deinen Leisten, stifte Ehen und lass die Schlachten den Kriegsgott besorgen!«

Athene aber sagte zu Hera: »Das hat sie nun davon, dass sie die schöne, falsche Griechin nach Troja gebracht hat!«

Unten auf dem Schlachtfeld schickte sich Diomedes an, dem am Boden liegenden Aeneas den Todesstoß zu versetzen. Dreimal stieß er zu, dreimal fing Apollon, der herbeigeeilt war, den Stoß auf. Und als Diomedes zum vierten Mal ansetzte, drohte Apollon ihm mit furchtbarer Stimme: »Wage es nicht, dich mit den Göttern zu messen!«

Diomedes wich zurück, und Apollon trug Aeneas vom Feld nach Troja und brachte ihn in seinen Tempel, wo ihn zwei Göttinnen, Apollons Mutter Leto und seine Schwester Artemis, gesund pflegten.

Nun rief Apollon den Kriegsgott Ares auf, den frechen Diomedes, der seine Hand selbst gegen Götter erhebe, zu strafen. Ares mischte sich unter die Trojaner und machte ihnen Mut, sodass bald Hektor an der Spitze der tapfersten Scharen gegen die Griechen anstürmte. Auch Aeneas, der wieder völlig gesund war, kämpfte mit.

Diomedes aber, der außer der Götterkraft von Athene auch das sehende Auge erhalten hatte, das Götter erkennt, erblickte auf einmal den gewaltigen Kriegsgott vor sich. Gegen einen solchen Gegner zu kämpfen, wäre ihm Frevel und Torheit erschienen. Er wich mit seinem Streitwagen zurück und befahl auch den übrigen Griechen, sich auf ihr Lager zurückzuziehen.

Doch Athene, die um die Sache der Griechen bangte, machte ihm Mut und sagte: »Tapferer Freund, du sollst weder Ares noch sonst einen Unsterblichen fürchten, ich bin bei dir! Auf, wirf dich mit deinen Kriegern den Troern entgegen!«

Sie stieß, selbst unsichtbar, den Rosselenker vom Wagen, ergriff die Zügel und lenkte den Streitwagen des Diomedes mitten ins Getümmel, geradewegs auf den Kriegsgott Ares zu.

Der sah Diomedes herankommen, fasste seinen Speer und warf ihn unfehlbar gegen die Brust des Helden. Sausend fuhr die Götterwaffe durch die Luft und musste im nächsten Augenblick den Sterblichen durchbohren …

Aber wie von unsichtbarer Hand gelenkt, veränderte der blitzende Speer plötzlich seine Bahn und fuhr steil auf zum Himmel, wo er sich im Blau verlor. Athene hatte ihm, selbst für Ares unsichtbar, eine andere Richtung gegeben.

Nun hob Diomedes seinen Speer, holte weit aus und schleuderte ihn gegen den Gott, dass er sirrend die Luft durchschnitt. Athene lenkte ihn, dass er Ares unterhalb des ehernen Leibgurtes in die Weiche fuhr.

Der Kriegsgott brüllte wie zehntausend Sterbliche. Einen Augenblick lang stand die Schlacht still, Trojaner wie Griechen erzitterten und glaubten, den Donner des Zeus aus heiterem Himmel zu hören. Diomedes aber sah den Gott Ares, in Wolken gehüllt, gleich einem Orkan zum Himmel auffahren.

Doch als er oben seinem Vater Zeus die Wunde zeigte und sich bitter beklagte, sagte der nur: »Lass dein Winseln. Endlich spürst du mal am eigenen Leibe, wie weh der Krieg tut, den du so gern und so oft unter den Sterblichen anzettelst.« Und Phaion, der himmlische Wundarzt, schloss die Wunde in Gedankenschnelle.

Weil nun alle Himmlischen das Schlachtfeld verlassen hatten und in den Olymp zurückgekehrt waren, blieben die Griechen und Troer unter sich. Die Waage neigte sich wieder zugunsten der Griechen. Ajax der Telamonier, Odysseus, Agamemnon, Menelaos und viele der besten Helden Griechenlands kämpften mit Löwenmut und drängten die Trojaner zurück. Am schlimmsten wütete Diomedes.

Hektor aber sah ein, dass die Trojaner die Göttin Athene durch Opfer und Bitten versöhnen mussten, wenn sie den Untergang ihrer Stadt noch abwenden wollten. Er übergab Aeneas den Oberbefehl und eilte zurück in die Stadt.

Hektors Abschied

An der Buche des Zeus vorüber eilte Hektor durch das skäische Tor. Als er die Stadt betrat, umringten ihn die Frauen und Töchter der Trojaner und fragten angstvoll nach ihren

Männern, Vätern und Brüdern. Doch Hektor hatte gekämpft und nicht die Lebenden und die Toten gezählt. Einigen wusste er gute, anderen schlechte Auskunft zu geben; denn der Krieg fraß die Männer wie ein unersättlicher Drache. Allen rief er zu: »Bittet die Götter für uns!«, und eilte weiter.

Als er am Königspalast seines Vaters ankam, traf er seine Mutter Hekabe. Sie umarmte ihn liebevoll und wollte ihm Wein holen, damit er Zeus ein Trankopfer bringen und dann sich selbst daran erfrischen könne. Hektor jedoch entgegnete:

»Lass, Mutter, sieh das Blut an meinen Händen, ich würde den Gott beleidigen. Aber du geh, ruf die edelsten Frauen zusammen und opfere Pallas Athene in ihrem Tempel. Bring ihr die schönsten Gewänder und versprich ihr zwölf herrliche Kühe – wenn sie nur den Speer des Diomedes zerbricht und sich unser erbarmt! Ich aber will meinen Bruder Paris in die Schlacht rufen. Wenn ihn doch der Erdboden verschlänge – er ist nur geboren, uns zu verderben!«

Hekabe erfüllte Hektors Gebot. Mit einer Schar vornehmer Frauen opferte sie Pallas Athene in ihrem Heiligtum und flehte um ihr Erbarmen. Aber die steinerne Göttin blickte nur kalt und starr in die Ferne und erhörte die Frauen nicht. Das Opfer blieb vergeblich.

Hektor fand Paris in seinem Hause damit beschäftigt, seine Waffen zu mustern. Helena saß neben ihm und sah ihm zu. Aber als Hektor seinen Bruder einen Feigling schalt und rief: »Scher dich hinaus in die Schlacht, wo dein Platz ist und dein Volk für dich blutet!«, da fiel sie Paris in den Rücken und sagte:

»Unglück verfolgt mich, Schwager, und ich habe euch nur Unglück gebracht. Wäre ich doch nie mit Paris hierher gekommen! Wenn es aber sein musste, warum bin ich nicht die Gefährtin eines besseren Mannes geworden, als dieser ist! Ihn rührt kein Schimpf, er spürt keine Schande, weil er keine Ehre im Leibe hat!«

Ein würdiges Paar!, dachte Hektor. Angewidert drehte er sich um und ging hinaus. Er wollte noch schnell in sein eigenes Haus gehen, um nach seiner Gattin Andromache und seinem Söhnchen Astyanax zu sehen. Doch er fand sein Haus leer; denn Andromache war aus Sorge um ihre Vaterstadt und den geliebten Gatten zum skäischen Tor geeilt, um von dort den Gang der Schlacht zu verfolgen.

Als Hektor sich dem Tor näherte, kam ihm Andromache schon entgegen; sie trug den kleinen Sohn auf dem Arm, hielt ihn dem Vater hin und sagte unter Tränen:

»Du schrecklicher Mann, dein Mut wird dich noch umbringen! Denkst du denn gar nicht an deine arme Frau und dein Kind, die Witwe und Waise werden müssen? Vater und Mutter habe ich verloren, sieben Brüder hat mir der furchtbare Achill umgebracht. Nun bist du mir Vater, Mutter und Bruder zugleich! Lass es genug sein, du kannst Trojas Geschick nicht wenden – bleib hier, damit wir dich nicht auch noch verlieren!«

Hektor lächelte traurig und schüttelte den Kopf. »Ich weiß, wie dir zumute ist, Andromache«, sagte er. »Aber ich kann nicht feige sein. Alle sehen auf mich, auch mich selbst treibt es immer nach vorn in den Kampf. Mein Herz zwar sagt mir: Einst wird der Tag kommen, da das heilige Ilion hinsinkt und Priamos mit seinem ganzen Volk untergeht. Aber soll ich dulden, dass die Griechen dich, mein Weib, in die Knechtschaft führen, dass du in Argos Wasser tragen und den Danaern ihre Kleider weben musst? Da würden sie wohl mit Fingern auf dich zeigen und sagen: Seht die, sie war Hektors Weib! Nein, Andromache, das will ich nicht erleben, eher soll mich die kühle Erde bedecken!«

Und er streckte die Arme nach seinem Söhnlein aus. Der Knabe aber schrie vor Angst und barg sich an der Brust seiner Mutter. Denn der Helm und der flatternde Rossschweif darauf hatten ihn erschreckt.

Da nahm der Vater schnell den Helm ab, legte ihn auf die Erde und küsste sein Kind und wiegte es auf den Armen. Dann blickte er auf zum Himmel und sagte: »Zeus und ihr Götter! Lasst diesen Knaben werden, wie ich bin! Lasst ihn über Troja herrschen. Gebt, dass man einst sagt, wenn er aus der Schlacht heimkehrt: ›Der ist noch tapferer, als sein Vater war!‹«

Mit diesen Worten legte er das Kind der Mutter in die Arme, strich Andromache voll Wehmut über die Stirn und fuhr fort:

»Liebste, gräm dich nicht um mich. Gegen mein Geschick wird mich niemand töten. Aber es ist auch kein Sterblicher je seinem Schicksal entronnen!«

Damit wandte er sich ab und eilte hinaus in die Schlacht.

Draußen vor dem Tor traf er auf Paris, der ihm zurief: »Hier bin ich, Bruder. Ich hoffe, ich komme noch zeitig genug!«

»Du wärest besser nie weggegangen«, entgegnete Hektor, »da das Volk von Troja so viel um dich erduldet. Aber davon reden wir später, wenn wir die Griechen ins Meer gejagt haben und den Sieg feiern. Auf jetzt, lass uns um diesen Sieg kämpfen!«

Herausforderung

Helenos, ein Sohn des Priamos, hatte von den Göttern die Sehergabe erhalten. Er wusste, dass über seinen Bruder Hektor der Tod noch nicht verhängt war. Als er den Helden nun zur Schlacht schreiten sah, sprach er ihn an:

»Bruder, lass die müden Kämpfer ruhen, Trojaner und Griechen. Sieh, die Schlacht ist erschlafft, zu oft und zu lange haben die Waffen gesprochen. Aber du, Hektor, fordere den Tapfersten der Argiver zum Zweikampf heraus. Du darfst es ruhig tun, denn der Tod ist dir noch nicht beschieden.«

Hektor frohlockte. Er fasste seinen Speer in der Mitte, hielt ihn hoch und trat zwischen die kämpfenden Heere. Auf dieses Zeichen ruhte alsbald das Gefecht, die Krieger auf beiden Seiten ließen sich erschöpft zu Boden fallen, um auszuruhen.

Nun rief Hektor, dass es weit über das Feld hallte: »Trojaner und Griechen, hört, was mir mein Herz gebietet. Es ist der Wille der Götter, dass wir einander bekriegen, bis entweder ihr, die Danaer, Troja erobert oder wir, die Troer, euch bei den Schiffen besiegt haben! Nun sind in euren Reihen die tapfersten Helden Griechenlands. Wer von ihnen sich mit mir messen will, der trete vor! Ich fordere euren besten Mann zum Zweikampf auf. Meine einzige Bedingung lautet: Besiegt er mich, so mag er mir Waffen und Rüstung nehmen, aber meinen Leib soll er nach Troja senden, damit er in der Heimat sein Grab findet. Schenkt Apollon mir den Sieg, dann will ich die Waffen meines Gegners im Tempel des Apoll in Troja aufhängen, seinen Leib aber mögt ihr bei euren Schiffen mit Pracht bestatten und ihm ein Grabmal errichten. Dann wird noch in fernen Zeiten der Wanderer sagen: Seht, hier ruht ein Tapferer, der einst im Streit dem gewaltigen Hektor erlag!«

Als Hektor geendet hatte, war es eine Zeit lang ganz still in der weiten Runde. Die Griechen schwiegen, denn es war schimpflich, den Kampf zu verweigern, und gefahrvoll, ihn anzunehmen. Endlich erhob sich Menelaos und strafte seine Landsleute mit den Worten:

»Griechinnen, die ich hier vor mir sehe: Seid ohne Furcht! Ich will mich selbst zum Kampfe gürten und mein Geschick in die Hände der Götter legen!«

Doch da fuhren die Fürsten der Danaer auf, neun Helden zugleich boten sich an, gegen Hektor zu kämpfen. Der König Agamemnon als Erster, dann Diomedes, der große Ajax, Odysseus und fünf andere. Der greise Nestor gebot, das Los solle entscheiden. Und das Los fiel auf Ajax, den Telamonier.

Ajax nahm den Kampf mit Freuden an. Als er bald darauf die Walstatt betrat, den riesigen Leib in blinkendes Erz gehüllt und mit grimmigem Lächeln den mächtigen Speer schwingend, da glich er dem Kriegsgott selbst. Hoffnung und Zuversicht empfanden die Griechen bei seinem Anblick, die Troer schwiegen beklommen. Hektor wäre wohl gern im Gewühl seiner Scharen verschwunden, hätte er nicht selbst den Zweikampf gefordert.

Mit gewaltigem Schwung schleuderte er den Speer. Er fuhr Ajax in den Schild, drang durch sechs Schichten und fing sich erst in der letzten, der siebten Haut.

Jetzt flog der Speer des Telamoniers durch die Luft, schlug durch Hektors Schild, drang durch Panzer und Leibrock und hätte ihm die Seite aufgerissen, wenn Hektor sich nicht blitzschnell weggedreht hätte.

Beide Kämpfer zogen die Speere aus dem Schild, fassten sie zum Stoß und rannten gegeneinander an. Hektors Speerspitze konnte den Erzbeschlag auf dem Schild des Gegners nicht durchdringen und bog sich krumm. Ajax aber durchstieß Hektors Schild und streifte ihm den Hals, dass dunkles Blut hervorquoll.

Hektor wich einen Schritt zurück, ergriff einen Feldstein und traf damit den Schildbuckel des Feindes, dass das Erz laut erdröhnte. Ajax aber hob einen noch größeren Stein auf und schleuderte ihn mit solchem Schwung gegen seinen Gegner, dass er dessen Schild zerbrach und ihn am Knie verletzte. Hektor sank zu Boden. Doch er erhob sich sogleich wieder.

Nun wollten beide mit dem Schwert aufeinander losgehen. Aber da traten die Herolde beider Völker dazwischen, streckten ihre Stäbe aus und riefen: »Genug jetzt, ihr Helden! Ihr habt tapfer gekämpft, aber nun kommt die Dunkelheit – gehorcht der Nacht!«

Ajax entgegnete finster: »Er wollte den Kampf. Mag er sagen, ob er genug hat.«

»Du bist ein gewaltiger Kämpfer, Ajax«, sagte Hektor. »Die Götter haben dir große Kraft verliehen. Doch nun lass uns für heute aufhören und ein andermal die Entscheidung suchen!«

Und sie tauschten ihre Waffen aus und schieden für diesen Abend in Freundschaft.

Waffenruhe

Die Fürsten der Griechen versammelten sich im Zelt ihres Oberbefehlshabers Agamemnon. Jubelnd umringten sie Ajax und priesen seinen Sieg im Zweikampf mit Hektor. Dann opferten sie dem Zeus einen fetten Stier und labten sich an Speise und Trank.

Nestor eröffnete, als alle satt waren, den Rat und schlug vor, am nächsten Tag den Kampf ruhen zu lassen. Man solle einen Waffenstillstand schließen und die Toten bei den Schiffen verbrennen, damit die Griechen, wenn sie heimkehrten, den Kindern der Gefallenen die Asche der Väter mitbringen könnten.

Die Trojaner kamen auf der Burg vor dem Königspalast zusammen, bestürzt und traurig über den Ausgang des Zweikampfes. Der weise Antenor stand auf und sprach:

»Freunde, auf unserm Kampf ruht kein Segen der Götter, weil wir treulos gegen den beschworenen Vertrag handeln, den der unselige Pandaros gebrochen hat. Wir können nichts anderes tun, als dem Atriden Helena und ihre Schätze auszuliefern!«

Da sprang Paris auf und rief: »Wenn das dein Ernst ist, Antenor, dann haben die Götter dir den Verstand verwirrt! Aber ich sage dir: Nie werde ich diese Frau hergeben, niemals! Nehmt alle Schätze, die ich aus Argos mitgebracht habe, tut von meinem eigenen Besitz dazu, was ihr wollt, und bietet es den Griechen als Sühne an – aber lasst mir das Weib!«

Der alte König Priamos hob die Hand. »Genug für heute!«, sagte er. »Lasst das Nachtmahl ausgeben, stellt Wachen aus und geht schlafen, ihr habt es alle nötig. Morgen wollen wir unsern Herold zu den Schiffen der Griechen entsenden, dort mag er ausrichten, was mein Sohn Paris anbietet. Auch wollen wir ihnen eine Waffenruhe vorschlagen, bis wir unsere Toten verbrannt haben. Einigen wir uns nicht, dann mag die Schlacht weitergehen!«

Als am anderen Morgen der trojanische Herold bei den Schiffen erschien und das Angebot des Paris überbrachte, blieben die Griechen zunächst stumm. Dann rief Diomedes:

»Lasst euch nicht dumm machen, ihr Danaer! Wir wollen

seine Schätze nicht, und wenn er uns das Weib dazu gäbe. Es sieht ja jeder, dass den Trojanern der Untergang droht!«

So wurde das Angebot abgelehnt, aber die Waffenruhe wurde angenommen. Den ganzen Tag über sah man Griechen und Trojaner auf dem Schlachtfeld umhergehen und ihre Toten suchen. Bis in die Nacht brannten die Scheiterhaufen, Trauer herrschte in der troischen Ebene, vom Meer bis an die Burg Ilios.

Bittgang zu Achill

Sobald der neue Kampftag anbrach, rüsteten sich die Heere und rückten gegeneinander vor. Zwar waren die Trojaner an Zahl unterlegen, aber sie kämpften unter den Augen ihrer Frauen und Kinder, und wenn sie sich umwendeten, sahen sie ihre Stadt daliegen: Sie war groß und schön und barg in ihren Mauern alles, was ihnen teuer war. Dies stärkte immer wieder ihren Mut. Und die Verbündeten brannten darauf, Rache zu nehmen für die vielen Städte, die die Griechen zerstört und geplündert hatten.

Als die Sonne hoch am Mittagshimmel stand, fuhr Zeus mit seinem Donnerwagen herab vom hohen Olymp und ließ sich auf dem Berg Ida nieder, von wo er die Stadt Troja, die weite Ebene und das Schiffslager der Griechen vor Augen hatte. Dann legte er in die goldene Waage zwei Todeslose, fasste sie in der Mitte und hielt sie vor sich hin. Und siehe, da sank die Schale, in der das Los der Griechen lag, immer tiefer, während das trojanische Los höher und höher zum Himmel emporstieg.

Mit einem Donnerschlag kündigte Zeus dem Griechenheer an, dass sich das Geschick wenden sollte. Ein Blitzstrahl fuhr mitten unter sie. Schrecken ergriff die Helden der Danaer, sie wankten und wichen vor dem Ansturm der Troer und vor dem gewaltigen Hektor. Immer näher kroch nun die Schlacht an das Lager der Griechen heran, größer und größer wuchsen die Schiffe vor den stürmenden Troern auf.

Hera und Athene sahen mit Schrecken das Verhängnis über das Griechenheer hereinbrechen. Schon wollte Athene mit ihrem Wagen zum Idagebirge hinabeilen, um ihren Vater Zeus um Gnade für die Danaerhelden anzuflehen, da erschien der Göttervater, dem nichts verborgen blieb, unter Blitz und Donner im Olymp und fuhr sie und Hera an:

»Ihr werdet euch noch wundern, welch großen Sieg die Trojaner morgen erringen werden! Und ich sage euch: Erst wenn die Brandfackeln der Trojaner in die Schiffe der Griechen fliegen, erst wenn der Pelide Achill seinen Zorn bezwingt und in den Kampf eingreift, erst dann soll sich das Blatt wenden. So will es das Schicksal und ihr werdet nichts dagegen tun!«

Als die stürmenden Reihen der Troer sich schon den Schiffen näherten, gelang es Agamemnon noch einmal, die Griechen um sich zu sammeln. Er stand hoch oben auf dem Schiff des Odysseus, den Purpurmantel um die Schultern gehängt, und feuerte mit mächtiger Stimme die Danaer zum Widerstand an.

Eine Zeit lang wogte der Kampf hin und her. Dann brach Hektor durch die griechische Linie und drang mit seinen Getreuen in das Lager ein. Erst die Nacht setzte der Schlacht ein Ende. Die Trojaner sammelten sich abseits von den Schiffen, kehrten jedoch nicht in ihre Stadt zurück. Sie stärkten sich mit Wein und Brot und brieten eilig herangeführte Hammel am Spieß. Die ganze Nacht über glühten die Wachfeuer rings um das Lager der Griechen und zeigten an, dass der Feind nahe war und sich für den neuen Tag und seine Kämpfe ausruhte.

Im Lager der Griechen aber war es dunkel. Angst und Sorge um Leben und Heimkehr hatte die Herzen befallen. Den Danaern graute es vor dem kommenden Tag.

Noch in der Nacht ließ Agamemnon leise die Fürsten zum Rat zusammenholen. Als alle versammelt waren, blickte er traurig in die Runde und sprach:

»Freunde, Zeus hat mich in schwere Schuld verstrickt. Erst hat er mir verheißen, dass ich als Sieger von Troja zurückkehren solle – und jetzt muss ich ruhmlos nach Argos heimkehren und so viele tapfere Helden tot auf der Walstatt zurücklassen. Doch was vermag der Mensch gegen die Götter? Nichts. Troja wird nicht fallen. Darum macht euch bereit, dass wir unsere Schiffe zu Wasser bringen und heimwärts segeln, ehe der Tag anbricht und der Feind sich von neuem auf uns stürzt!«

Lange blieben die Danaerfürsten stumm und starrten bekümmert vor sich hin. Endlich sagte der Held Diomedes:

»Mir scheint, König, du hast von Zeus zwar das Zepter der

Macht erhalten, aber nicht den Mut. Glaubst du wirklich, wir Männer Griechenlands wollten uns hier im Dunkeln davonstehlen? Wenn du segeln willst, Atride: Bitte, dort liegt dein Schiff, niemand wird dich halten. Ich aber und meine Freunde bleiben hier und kämpfen weiter, bis wir die Burg des Priamos dem Erdboden gleichgemacht haben!«

Da jubelten ihm die Helden zu. Der greise Nestor dankte Diomedes für seine Worte und erinnerte Agamemnon daran, dass ja der größte Held der Griechen, Achill, untätig in seinem Zelt sitze, weil der König ihn gekränkt habe.

»Du hast Recht«, erwiderte Agamemnon, »ich bin schuld daran. Es war ein schwerer Fehler, dass ich Achill die schöne Briseis weggenommen habe. Aber ich will alles wieder gutmachen. Er soll Briseis zurückerhalten und dazu, was er von all meiner Beute begehrt: Gold, kostbares Gerät und herrliche Rosse. Auch überlasse ich ihm gern meinen Anteil an der Beute, wenn wir Troja erobert haben. Und kehren wir als Sieger heim, dann mag er sich eine meiner Töchter zum Weibe wählen, und ich will ihm sieben Städte als Brautschatz geben. Ja, das will ich tun, wenn er nur von seinem Zorn ablässt. Geht hin zu Achill und sagt ihm das!«

Da wählten die Fürsten den Telamonier Ajax, Odysseus und den alten Phönix, der ein Freund des Achill war, als Abgesandte. Sie brachen sogleich auf und fanden den Peliden am Strand bei seinen Schiffen. Er spielte die Leier und sang von großen Heldentaten. Sein Freund und Vertrauter Patroklos saß ihm zu Füßen und hörte zu.

Als Achill die drei Griechenfürsten kommen sah, ging

er ihnen entgegen und begrüßte sie herzlich. Dann hieß er Patroklos Wein holen und briet selbst drei Hammelkeulen am Spieß.

Nachdem die Gäste sich gestärkt hatten, ergriff Odysseus den vollen Becher, trank dem Peliden zu und brachte in feuriger, kluger Rede vor, was ihnen als Botschaft aufgetragen war: dass die Not die Griechen bedränge, dass nur Achill noch helfen könne und was alles der König Agamemnon zu tun bereit sei, wenn Achill seinem Zorn entsage und in den Kampf eingreife.

Schweigend hatte Achill zugehört. Nur sein Blick hatte sich immer mehr verfinstert. Dann erwiderte er:

»Edler Sohn des Laertes, ich muss deine schöne Rede schlankweg mit Nein beantworten. Agamemnon ist mir verhasst wie die Pforte des Hades, weder er noch sonst ein Grieche wird mich bereden, wieder in ihren Reihen zu kämpfen. Denn was habe ich gehabt von all meinen Mühen? Ich habe mein Leben aufs Spiel gesetzt, um ihm, dem Atriden, Weiber und Schätze zu erobern. Das Beste habe ich stets ihm gebracht. Zum Dank hat er, der nie einen Finger gerührt hat, mir das Liebste genommen, was ich hatte. Darum will ich morgen früh in See gehen, das Morgenrot soll meine Schiffe schon im Hellespont schwimmen sehen! Und in drei Tagen hoffe ich, zu Hause zu sein. Agamemnon wird mich nicht noch einmal betrügen. Geht, sagt ihm das. Phönix aber mag bleiben und, wenn er will, mit mir heimfahren ins Land der Väter!«

Vergeblich versuchte Phönix, Achills alter Lehrer, den Peliden umzustimmen. Da erhob sich Ajax und sagte: »Komm, Odysseus, lass uns gehen. Er trägt einen Stein in der Brust, die Not seiner Freunde rührt ihn nicht. Sparen wir die Worte!«

Und sie gingen und berichteten den Fürsten der Danaer vom Hochmut des Achill.

Spähtrupp

Als Odysseus seinen Bericht beendet hatte, schwiegen die Griechenfürsten, die zum Rat versammelt waren, lange still. Die Hoffnung, dass der Held Achilleus die Not wenden würde, mussten sie nun begraben. Den meisten war aller Mut genommen. Sorge und Verzweiflung breiteten sich im ganzen Heer aus.

Aber der greise Nestor wusste, dass der Tapfere der Gefahr am besten durch Handeln begegnet. Deshalb sagte er:

»Was wir jetzt brauchen, ist Gewissheit, was die Troer tun. Bleiben sie hier oder kehren sie in ihre Stadt zurück? Werden sie mit Tagesanbruch ihren Angriff fortsetzen oder nicht? Deshalb sollten wir Späher entsenden, die in die Linien der Feinde eindringen und sie belauschen. Wer hat den Mut, das zu tun?«

Ohne Zögern sagte der Held Diomedes: »Ich werde gehen, wenn ich mir einen Gefährten aussuchen kann.«

Sogleich meldete sich eine ganze Anzahl, voran die beiden Ajax, dann Menelaos, Odysseus, Antilochos und andere. Diomedes entschied sich für Odysseus. Die beiden warfen sich in ihre Rüstung, legten jedoch fremde Waffen an, um sich unkenntlich zu machen.

Dann brachen sie auf und verschwanden im Dunkel der Nacht. Lautlos schritten sie dahin. Als sie bald darauf zur Rechten einen Reiher schreien hörten und der Vogel über sie hinweg feindwärts flog, waren sie froh. Sie nahmen es als ein Zeichen Athenes, dass die Göttin ihrem Vorhaben günstig gesinnt war.

Zur selben Zeit versprach Hektor im Lager der Troer demjenigen einen Wagen und zwei edle Rosse, der es unternähme, den Zustand des griechischen Heeres zu erkunden. Er sollte sich durch das feindliche Lager bis an das Feldherrnschiff Agamemnons schleichen, um den Rat der Fürsten zu belauschen.

Die versprochene Belohnung reizte einen Mann namens Dolon, sich zu melden. Er war kein hervorragender Kämpfer, aber ein schneller und ausdauernder Läufer und hoffte in der Dunkelheit davonzukommen, wenn er irgendwo in Gefahr geriete. Eilig hüllte er sich in ein graues, zottiges Wolfsfell, hängte den Bogen um, setzte einen Helm aus Otterfell auf und ging los.

Der Zufall wollte es, dass die Wege der Späher sich kreuzten. Odysseus hatte Schritte gehört und sich mit Diomedes zwischen den Toten verborgen, bis der troische Späher vorüber war. Dann sprangen sie auf, Dolon hörte sie und wollte auf die eigene Linie zurückfliehen, aber die beiden sahen ihn zwischen sich hindurchhuschen. Diomedes warf seinen Speer, jedoch mit Absicht so, dass er sein Ziel knapp verfehlte und der Schaft Dolon hart die Schulter streifte. Zitternd blieb der Flüchtende stehen und die beiden Danaerhelden konnten ihn ergreifen.

»Lasst mir das Leben!«, flehte er. »Ich will euch reich belohnen!« Er zitterte wie Espenlaub.

»Halt dich wacker, du tapferer Trojaner«, spottete Odysseus. »Wir tun dir nichts, wenn du uns sagst, welchen Auftrag du hattest und wo Hektor mit seinen Kriegern steht.«

Dolon in seiner Todesangst konnte nicht schnell genug alles verraten, er antwortete mehr, als er gefragt war.

»Was machen wir nun mit ihm?«, fragte Odysseus, als sie alles erfahren hatten.

»Der Verräter soll seinen Lohn erhalten«, erwiderte Diomedes und schlug Dolon mit einem einzigen Schwertstreich den Kopf ab.

Dann gingen die beiden Griechen weiter und stießen, wie Dolon beschrieben hatte, bald auf das Nachtlager der Thraker, die wegen ihrer herrlichen weißen Rosse berühmt waren. Leise schlichen sie durch die Reihen der Schlafenden, die ihre Pferde an die Streitwagen gebunden hatten. In der Mitte des Lagers schlief der Thrakerfürst Rhesos, seine prächtigen schneeweißen Rosse schimmerten durch die Nacht.

»Nimm du die Männer«, flüsterte Odysseus seinem Gefährten ins Ohr, »ich übernehme die Pferde!«

Wie der Löwe in eine Herde Schafe, so fiel Diomedes über die schlafenden Thraker her. Im Nu tötete er zwölf von ihnen und als dreizehnten den König Rhesos, der gerade in einem schweren Traum stöhnte.

Inzwischen hatte Odysseus die Pferde losgebunden, das eine bestiegen und kam, das andere am Zügel führend, herangesprengt. Mit einem Pfiff gab er Diomedes ein Zeichen, der ließ von seinen Feinden ab und schwang sich auf das ledige Pferd. Bevor die schlaftrunkenen Thraker noch recht begriffen hatten, was geschehen war, jagten die beiden durch die Nacht dem griechischen Lager zu.

Kampf um die Schiffe

Dann kam der Morgen. Agamemnon legte den herrlichen Harnisch an, der schimmerte von blauem Stahl und funkelte von gelbem Gold, und rief sein Heer in die Schlacht. Das Fußvolk strömte über Mauer und Graben ins offene Feld, dann folgten die Reisigen mit den Streitwagen. Das Heer formierte sich und rückte mit lärmendem Getümmel vor.

Ihnen gegenüber hielten die Trojaner einen Höhenzug mit ihren Scharen besetzt. Hektor, Polydamas und Aeneas führten sie, dazu drei Söhne des Antenor. Mit lautem Kriegsgeschrei stießen die beiden Völker zusammen, verbissen sich ineinander, drangen hier vor, wurden dort zurückgedrängt.

Schließlich gelang den Griechen der Durchbruch durch die Reihen der Trojaner. Weit stießen sie gegen die Stadt vor und mähten die verwirrten Feinde wie Schnitter. Erst an der Buche des Zeus, nahe dem skäischen Tor, gelang es Hektor, die zurückflutenden Troer zum Stehen zu bringen. Schon wollte er selbst zum Gegenangriff vorbrechen, da sandte Zeus die Götterbotin Iris mit einer Botschaft zu ihm.

»Halte dich zurück, Hektor«, raunte sie ihm zu, von anderen ungesehen, »sammle die Versprengten, und warte, bis Agamemnon verwundet wird. Dann wird Zeus dich zum Sieg führen!«

Hektor gehorchte, obwohl es ihm schwer wurde zu sehen, wie Agamemnon an der Spitze seiner Scharen immer näher kam und viele tapfere Helden der Troer dahingemäht wurden.

Plötzlich sah er den Atriden zusammenzucken, er ließ sein Schwert sinken und hielt sich am Arm. Eine Speerspitze hatte ihn getroffen, rot rann das Blut am Handgelenk herab. Agamemnon versuchte noch einmal, das Schwert zu schwingen, aber der Schmerz überwältigte ihn; er bestieg seinen Streitwagen, ließ den Rosselenker wenden und fuhr in einer Staubwolke dem Schiffslager zu.

Wie der Sturmwind stürzte sich Hektor in die Schlacht. Als die Griechen ihren Führer Agamemnon verwundet vom Kampfplatz eilen sahen, wurden sie unsicher und konnten dem Ansturm der Troer nicht lange standhalten. Vergeblich versuchten Odysseus und Diomedes, die Flucht aufzuhalten.

Hektor erblickte die beiden Helden, die wie Felsen in der Flut standen und kämpften, und stürmte mit seiner Schar auf sie zu. Doch Diomedes erkannte ihn rechtzeitig und schleuderte den Speer gegen ihn. Er traf ihn am Helm, dass Hektor rücklings in die Knie sank und ihm schwarz vor

Augen wurde. Ehe Diomedes jedoch seinem Speer nacheilen konnte, hatte der Trojaner sich auf den Streitwagen geschwungen und in den eigenen Reihen Schutz gesucht. Zornig schlug Diomedes den nächstbesten Gegner nieder und schickte sich an, ihm die Rüstung abzunehmen.

Dies sah Paris, der in guter Deckung hinter der Gedenksäule des Ilos hockte. Er spannte den Bogen und schoss den knienden Diomedes in die Ferse. Dann sprang er jauchzend auf und verspottete den Getroffenen.

Diomedes blickte sich um, sah den Schützen und rief: »Bist du es, Weiberheld? Vor dem ehrlichen Kampf Mann gegen Mann kneifst du, und jetzt fühlst du dich stark, weil du mir den Fuß von hinten geritzt hast? Das ist für mich nicht mehr als ein Mückenstich!«

Doch als er sich, von Odysseus gegen die Feinde geschirmt, den Pfeil aus der Wunde gezogen hatte, war der Schmerz so stark, dass er im Streitwagen zurückfahren musste.

Nun blieb Odysseus allein zurück, mitten im Feind; denn das Griechenheer war auf der Flucht schon weit zurückgefallen. Von allen Seiten drängten die Trojaner gegen ihn an. Er warf fünf in den Staub, doch der sechste stieß ihm den Speer durch den Schild und riss ihm die Haut von den Rippen. Nur Athene hatte verhindert, dass der Stoß tiefer eindrang.

Odysseus wich einen Schritt zurück, spürte, dass er nicht schwer getroffen war, und rammte dem Gegner den Speer durch die Brust, dass die Spitze zwischen den Schulterblättern wieder herausfuhr. Als er sah, dass er tief im Feind allein stand und immer härter bedrängt wurde, stieß er dreimal einen lauten Hilferuf aus.

Menelaos hörte den Schrei. Er rief seinem Nebenmann Ajax zu: »Das war Odysseus, er ist in Gefahr! Lass uns durchbrechen und ihn heraushauen!« Und sie bahnten sich eine Gasse, erreichten Odysseus auf seinem verlorenen Posten und brachten ihn mit dem Streitwagen in Sicherheit.

Hektor hatte von all dem nichts bemerkt. Er kämpfte auf dem linken Flügel am Ufer des Skamander und lichtete die Reihen der Griechen. Doch wären die Danaer nicht gewichen, hätte nicht Paris mit seinem Pfeil Machaon, den berühmten Wundarzt der Griechen, in die Schulter getroffen. Eilig kam der alte Nestor mit seinem Wagen an und brachte den Verwundeten zurück zu den Schiffen. »Ein Mann«, sagte er, »der Pfeile herausschneidet und mit Balsam Wunden heilt und Schmerzen lindert, ist so viel wie hundert Helden wert!«

Achill, der vom hohen Achterdeck seines Schiffes herab die Schlacht verfolgte, ungerührt von der Not seiner Landsleute, sah Nestor mit dem Verwundeten vorüberfahren. Er wandte sich um, rief seinen Freund Patroklos herbei und sagte:

»Sieh doch einmal nach, Patroklos, wen der alte Nestor da auf seinem Wagen hat. Ich habe so ein Gefühl, als ob etwas Schlimmes passiert ist.« Dabei dachte er: »Bald ist es so weit, dass die stolzen Danaer ganz am Boden liegen. Dann müssen sie zu mir kommen, auf Knien müssen sie mich anflehen, dass ich ihnen helfe!«

Als Patroklos in Nestors Zelt trat, sah er sogleich, wer der Verwundete war. Er erschrak. Denn wer sollte nun die Wunden der Griechen heilen, die so hart von ihren Feinden bedrängt wurden?

Nestor erwiderte seinen Gruß und sagte traurig: »So, Achill schickt dich. Kümmert ihn das Geschick der Argiver, die schon todwund sind? Alle Tapferen liegen schon blutend bei den Schiffen umher: Diomedes ist pfeilwund, Odysseus und Ajax sind speerwund; und nun ist auch noch der Einzige, der ihnen helfen kann, von einem Pfeil getroffen! Sieh her, hier liegt der große Machaon hilflos am Boden. Aber Achill kennt kein Erbarmen. Will er warten, bis unsere Schiffe in Flammen stehen und die Leiber unserer Toten sich ringsum türmen? Und was tust du, Patroklos? Ich sah euch beide als Kinder in seines Vaters Peleus Haus. Ihm gebot er, immer der Erste zu sein und Vorbild für die andern, du aber, der ältere, solltest ihn als Freund beraten und lenken. Hast du es vergessen, Patroklos? Denke daran, ehe es zu spät ist. Achill hört auf deinen Rat …«

Unaufhaltsam fraß sich die Schlacht an die Schiffe heran. Schon brandete das Heer der Troer an den Graben, der vor der wehrhaften Mauer das Lager umgab. Doch Hektor feuerte die Seinen vergeblich an, mit Ross und Wagen durch den Graben zu rennen. Die Pferde scheuten vor dem Abgrund. Zum Sprung war der Graben zu breit, zum Durchfahren zu tief; auch war der Grund mit spitzen Pfählen gespickt, die nur darauf warteten, die Waghalsigen aufzuspießen.

Endlich sagte Polydamas: »Wir wären verloren, Hektor,

wenn wir mit Ross und Wagen den Angriff fortsetzen wollten! Lass absitzen und zu Fuß angreifen, dann kommen wir gewiss hinüber!«

In fünf Treffen überschritten die Troer in breiter Front den Graben, kein Widerstand der Griechen konnte sie daran hindern. Doch nun standen sie vor der Mauer, von Zinnen und Türmen hagelte es Steine und Geschosse auf die Angreifer herab.

Da sprang Hektor auf das große Tor zu, hob einen riesigen Stein auf und zerschmetterte mit einem furchtbaren Wurf Riegel und Angeln. Krachend sprang das Tor auf. Zwei Speere schwingend, schrecklich in seiner schimmernden Rüstung, drang Hektor in das Lager ein. Hinter ihm quoll die Schar der Feinde durch die Bresche.

Wohl gelang es den Griechen, die Troer noch einmal zurückzudrängen. Hektor war durch einen Steinwurf des großen Ajax zu Boden gestreckt worden, und die Troer, ihres Führers beraubt, wichen vor dem Gegenangriff der Griechen zurück. Aber Zeus hatte es anders beschlossen. Er sandte seinen Sohn Phoibos Apollon, der Hektor Mut und Kraft zurückgab, und von dem weit treffenden Gott unterstützt, stürmten die Trojaner erneut unaufhaltsam vor. Sie stießen bis an die Schiffe durch, und die Griechen, in den Gassen zwischen den Schiffen zusammengedrängt, versuchten verzweifelt, ihre Flotte vor der Zerstörung zu retten.

Um eins der Schiffe stritten Hektor und Ajax. Der eine mühte sich vergeblich, den andern vom hohen Heck zu vertreiben, um Feuer ans Schiff legen zu können; der andere konnte seinen Feind nicht in die Flucht schlagen. Eine riesige Lanze in den Händen, die über zwanzig Ellen maß und bei Seegefechten verwendet wurde, so stand Ajax auf dem Achterdeck und wehrte jeden ab, der sich näherte. Zwölf Tote lagen ihm schon zu Füßen.

»Fackeln her!«, schrie Hektor. »Zeus ist mit uns, zündet die Schiffe an!«

»Haltet stand, Freunde!«, rief Ajax. »Lasst sie nicht heran! Ihr habt keine Stadt, in die ihr euch zurückziehen könnt. Die Schiffe sind euer letztes Bollwerk. Wenn sie brennen, seid ihr verloren!«

Hoch oben auf dem Berg Ida saß der Göttervater und wartete, wann das erste Schiff in Flammen aufginge. Denn dann sollte die Waagschale der Troer sinken und die Griechen hoch zum Himmel steigen.

Immer schwerer wurde die Lanze in des Helden Ajax Händen. Gegen Helm und Harnisch prasselten Steine und Pfeile der Feinde, der mächtige Schild hing wie Blei an seinem Arm. Schweiß rann ihm in die Augen, sein Atem ging kurz und hart. Plötzlich spürte er einen Schlag gegen die Lanze, Hektor hatte mit seinem Schwert die Spitze abgeschlagen. Ajax ließ den wehrlos gewordenen Schaft sinken – da sprang Hektor vor und schleuderte die Fackel durch die Luft. Wie ein Komet ging sie auf das Schiff nieder, fiel auf das von der Sonne ausgedörrte Segel und lodernd schoss eine Flamme hoch auf zum Himmel …

Hektor und Achill

Der Tod des Patroklos

Patroklos hatte auf dem Rückweg einen Verwundeten geborgen und ihm einen Pfeil aus der Wunde geschnitten. Jetzt kehrte er in das Zelt des Achilleus zurück.

»Was machst du für ein Gesicht?«, empfing ihn der Pelide. »Ich glaube gar, du hast Tränen in den Augen! Tränen! Etwa um die Griechen da draußen? Sie haben es nicht anders verdient. Sie kommen ins Gedränge, wie? Nun sage, was hast du zu berichten?«

Patroklos schüttelte den Kopf. »Achill, Freund«, begann er vorwurfsvoll, »edel war dein Sinn von Jugend auf. Aber jetzt hat dir der Zorn den Kopf verdreht. Du weißt nicht mehr, was du tust! Blick hinaus: Unsere Freunde, dein Volk, die Griechen sind in höchster Not! Die tapfersten Helden liegen mit blutenden Wunden, Odysseus, Agamemnon, Diomedes, ja selbst der Arzt Machaon liegt darnieder. Und die noch übrig sind, müssen den Troern bald erliegen, die sie wie wilde Wölfe anfallen, Hektor steht bei den Schiffen …«

»Schweig!«, schrie Achill. »Ich will es nicht hören. Ich

kann es nicht ertragen! Fluch über Agamemnon, der mich so tief gekränkt hat. Ich kann nicht – o könnte ich nur, ich würde Hektor und seine Brut in den Staub werfen und vom Platz fegen!«

»So lass wenigstens mich kämpfen!«, rief Patroklos. »Gib mir deine Myrmidonen, sie sind frisch und ausgeruht, vielleicht können wir die Schlacht wenden. Und gib mir – ja, gib mir deine Rüstung, Achill! Die Troer werden glauben, du bist es, und der Schreck wird sie lähmen! Und die Griechen werden neuen Mut fassen, weil du dabei bist …«

In diesem Augenblick schoss die Flamme auf dem Schiff des Helden Ajax in den Himmel. Achill sprang auf und rief:

»Beeil dich, Patroklos! Nimm meine Rüstung und meine Myrmidonen und schlag dazwischen! Vertreibt sie von den Schiffen, sonst können wir am Ende niemals heimkehren! Nur eins, Freund: Lass dich nicht mit Hektor ein, der ist ein gefährlicher Mann. Und denk daran, dass Apoll unsere Feinde liebt. Hüte dich vor seinen Geschossen. Und wenn die Schiffe gerettet sind, komm zurück. Dann mögen sie sich draußen im offenen Feld gegenseitig umbringen …«

Eilig legte Patroklos Achills herrliche Rüstung an, die Beinschienen, den kunstvoll gearbeiteten Harnisch, hängte sich das Schwert um, setzte den Helm mit dem mächtigen Rosshaarschweif auf. Mit der Linken ergriff er den Schild, mit der Rechten zwei Speere. Den mörderischen Eschenspeer des Peliden freilich nahm er nicht – er war so schwer, dass ihn außer Achill kein Sterblicher schwingen konnte. Dann bestieg er den Streitwagen, der Rosselenker nahm die wunderbaren Rösser Xanthos und Balios am Zügel und mit einem jauchzenden Ruf fuhr Patroklos voran in die Schlacht. Ihm folgten, hungrigen Wölfen gleich, die Myrmidonen, je fünfzig Männer von jedem der fünfzig Schiffe des Peliden. Fünf kriegserfahrene Feldobristen führten sie an.

Achill sah ihnen lange nach. Dann ging er ins Zelt, suchte einen goldenen Becher hervor, aus dem noch nie ein anderer getrunken hatte, und brachte Zeus ein Trankopfer dar. Er bat ihn, den Griechen den Sieg zu verleihen und seinen Freund Patroklos unversehrt aus der Schlacht heimkehren zu lassen. Kein Sterblicher konnte sehen, wie der Göttervater zu der ersten Bitte Gewährung nickte, aber bei der zweiten unmerklich den Kopf schüttelte.

Der machtvolle Stoß der Myrmidonen traf die Troer unerwartet und so heftig, dass sie sogleich von den Schiffen zurückgeworfen wurden. Als sie Achills Rüstung erkannten, glaubten sie nichts anderes, als dass der gefürchtete Held seinen Zorn überwunden habe und nun selbst in den Kampf eingreife. Schrecken ergriff die Trojaner, Freude und Zuversicht erfüllte die Griechen.

Die Feuer an den Schiffen waren rasch gelöscht. Einmal im Schwung, wichen die Trojaner über Mauer und Graben zurück, und die Griechen verfolgten die Fliehenden mit feurigem Schlachtruf. Der Graben, schon beim Angriff ein schlimmes Hindernis, wurde den weichenden Trojanern zum Verhängnis: Pferde und Wagen stürzten hinein, blieben stecken, wurden von den Verfolgern erbeutet, die Krieger und Fahrer erschlagen.

Nur ein Gespann war wie im Fluge über den Graben geeilt: Hektors Wagen. Ihm setzte Patroklos mit den herrlichen Rössern Achills nach, aber der edle Sarpedon, ein erdgeborener Zeussohn aus Lykien, stellte sich ihm in den Weg. Patroklos sprang vom Wagen, beide warfen den Speer, verfehlten jedoch einander. Beim zweiten Wurf fehlte Sarpedon abermals, Patroklos aber traf ihn ins Zwerchfell und der Lykier sank sterbend in den Staub. Eine Träne des Zeus, für seinen Sohn geweint, fiel herab auf die Erde. Bevor die Myrmidonen dem Gefallenen die glänzende Rüstung abnehmen konnten, entführte Apollon den Leichnam in die lykische Heimat.

Patroklos aber, von einem bösen Geschick getrieben, verfolgte die Troer weit über das Feld und rannte in sein Verderben. Vergessen war Achills Warnung. Er sah die Mauern der heiß umkämpften Stadt vor sich und kannte keinen Gedanken als den, sie zu erobern. Er sah nicht, dass auf der vordersten Brustwehr der Gott Apollon stand. Dreimal berührte sein Fuß die Mauer, dreimal stieß Apollon ihn weg. Beim dritten Mal rief der Gott mit schrecklicher Stimme: »Zurück!« Und Patroklos wandte sich erschrocken ab und suchte im offenen Feld neue Gegner.

Beim skäischen Tor traf er mit Hektor zusammen. Im ersten Anlauf tötete er dessen Wagenlenker und rief spöttisch: »Beim Zeus, ist der gelenkig! Wie schnell er in den Staub taucht! Hat wohl das Taucherhandwerk auf dem Meer gelernt und mit Austern gehandelt?«

Doch sein Los war schon gefallen. Apollon schlug ihn

leicht mit der flachen Hand zwischen die Schulterblätter – da schwanden ihm die Sinne. Ein tapferer Trojaner stieß ihm das Schwert in die Brust und da war auch schon Hektor heran und rannte ihm den Speer in die Seite. Patroklos fiel. Aber er wusste wohl, wer ihn gefällt hatte.

»Du warst es nicht, Hektor«, sagte er sterbend. »Gegen Götter kämpft der Mensch vergebens. Aber ich sage dir: Auch deine Tage sind gezählt! Und ich weiß auch, wer dich fällen wird!«

Aber Hektor lachte nur und nahm ihm die herrliche Rüstung und die Waffen des Achill ab. Doch als er sich anschickte, den Leichnam des Gefallenen zu schleifen, stürmten Ajax und Menelaos heran. Da ließ Hektor von seinem Vorhaben ab und wandte sich anderen Gegnern zu. Noch viele Griechen fielen von seiner Hand – doch auch für ihn nahte das dunkle Verhängnis.

Am Abend, als die Schlacht einschlief, sandten die Griechen Antilochos, einen Sohn des alten Nestor, zu Achill, um ihm den Tod seines Freundes Patroklos zu melden. Mit Mühe hatten Ajax und Menelaos dessen Leichnam den Trojanern entrissen; immer wieder kämpfend, brachten sie ihn zurück. Die wunderbaren Rosse des Peliden aber hatte kein Trojaner erbeuten können, sosehr sie sich auch mühten. Man sagt, Xanthos und Balios hätten geweint, als sie vom Tode des Patroklos erfuhren.

Achills Schmerz

Die Nachricht vom Tode seines Freundes Patroklos traf Achill schwer. Vor seinen Augen wurde es Nacht, wie vom Blitz gefällt, stürzte er zu Boden. Mit beiden Händen griff er in den schwarzen Staub und streute ihn über sein Gesicht, über Haar und Gewand.

Dann erhob er seine mächtige Stimme und schrie, schrie seinen Schmerz um den Verlorenen hinaus über die weite troische Ebene und das Meer, so laut, dass seine Mutter Thetis ihn in der Tiefe vernahm. Eilig stieg sie empor und fragte liebevoll: »Kind, was weinst du?«

Und Achill klagte der Mutter sein Leid. Dass er den liebsten Freund verloren, dass dessen Mörder Hektor ihm auch noch die herrlichen Waffen geraubt habe, das Ehrengeschenk der Götter an seinen Vater Peleus. Sein Herz schrie nach Rache und nach Hektors Blut. Da klagte auch seine Mutter, weil sie wusste, dass nun Achills Stunde ebenfalls kommen würde, sobald Hektor dahinsank. »Berufe es nicht, Kind«, beschwor sie ihn, »denn wenn Hektor stirbt, musst auch du davon!«

»Ach Mutter«, rief Achill, »was soll mir das Leben noch, da ich meinen liebsten Freund nicht schützen konnte! Verflucht sei der Zorn, der dem Herzen zuerst wohl tut und dann mit glühender Flamme die Brust sprengt und den Verstand verbrennt! Doch jetzt soll alles, was gewesen ist, vergessen sein – ich gehe, mir Hektors Kopf zu holen. Mag daraus werden, was will und wie die Götter es lenken. Die Trojaner sollen zittern, wenn sie Achills Schritte hören. Ich komme zum Kampf!«

Thetis wusste, dass sie den Sohn nicht halten konnte. So wollte sie ihn wenigstens aufs Beste gerüstet wissen. Deshalb sagte sie:

»Aber du hast keine Waffen, Kind, Hektor prahlt mit ihnen. Warte nur eine Nacht. Morgen in der Frühe bin ich zurück und bringe dir neue Waffen. Hephaistos soll sie dir schmieden. Geh nicht in die Schlacht, bevor ich zurück bin!« Und sie eilte hinauf zum Olymp, um den Schmied der Götter aufzusuchen.

Währenddessen jagten die Trojaner immer noch dem Leichnam des Patroklos nach. Dreimal kam Hektor ihm so nahe, dass er einen Fuß packen konnte, dreimal trieben ihn die beiden Ajax, der lokrische und der telamonische, wieder zurück. Jetzt stürmte Hektor erneut heran, gleich musste er sein Ziel erreichen.

Da sandte Hera die Götterbotin Iris zu Achill, er solle helfen, die Troer zurückzutreiben.

»Wie kann ich das?«, erwiderte Achill traurig. »Ohne Waffen kann ich gegen Hektor nichts ausrichten.« Aber dann sprang er doch, waffenlos wie er war, auf die Mauer. Wie ein Riese stand er da, ganz allein, die Arme erhoben. Die Abendsonne umspielte seine Gestalt, hüllte sie in Glanz und Feuer. Nun stieß er seinen Schlachtruf aus, dreimal schrie er ihn hinaus und der Schall schwemmte wie eine Woge die Trojaner zurück. Angst und Schrecken kamen über sie, da war er wieder, der gewaltige Held Achilleus. Die Ahnung kommenden Unheils ließ sie erbeben, sie wandten sich mit Ross und Wagen zum Rückzug.

Versöhnung

Während die Heere im Schutze der Nacht vom Kampf ausruhten, schmiedete Hephaistos eine herrliche Rüstung für Achill. Der Panzer strahlte heller als Feuer, ein goldener Haarbusch wallte vom Helm, aus feinstem Zinn glänzten die Beinschienen. Das größte Kunstwerk aber war der Schild. Fünffach geschichtet aus Erz, Zinn und Gold, trug er in reicher Verzierung Abbilder von Himmel und Erde und vom Leben der Menschen. Größer und schöner war noch nie ein Schild gefertigt worden.

Mit diesen Waffen eilte Thetis, als der Morgen graute, herab vom Olymp und brachte sie ihrem Sohn. Die Myrmidonen schlossen geblendet die Augen. Achills Augen jedoch strahlten vor Stolz und Freude heller als Feuer, als er die herrliche Rüstung sah. Er legte sie an und ging zur Versammlung der Danaerfürsten.

Sie kamen alle, die Helden, erschöpft vom langen Kampf und müde nach kurzem Schlaf, viele wund, Diomedes und Odysseus auf ihren Speer gestützt und humpelnd. Zuletzt erschien, auch er speerwund, der Völkerfürst Agamemnon.

Da erhob sich Achill und sagte: »Sohn des Atreus! Wir wollen vergessen, was gewesen ist, so tief es uns auch gekränkt hat. Mein Zorn ist dahin. Auf jetzt ins Gefecht! Ich will wissen, ob die Trojaner noch Lust haben, bei den Schiffen zu ruhen!«

Jubelnder Beifall antwortete Achill. Agamemnon stand auf, gebot Ruhe und erwiderte:

»Sohn des Peleus! Ich habe einen schweren Fehler begangen an jenem Unglückstag. Die Götter müssen mich mit Blindheit geschlagen haben. Aber ich habe gebüßt. Jeder Grieche, den Hektor und seine Scharen erschlagen haben, klagt mich an, und die brennenden Schiffe haben mich erkennen lassen, was meine Schuld ist. Ich biete dir Sühne. Nimm, was du …«

»Davon wollen wir jetzt nicht reden, Agamemnon«, unterbrach ihn Achill. »Es gibt nur eins, wonach mich jetzt verlangt, und das ist die Schlacht! Man soll den Sohn des Peleus endlich wieder ganz weit vorn im Feind sehen!«

Doch Agamemnon hatte die Sühnegeschenke schon bereitgestellt, eine Gruppe von Jünglingen holte sie aus seinem Feldherrnzelt und baute sie vor Achill auf: Gold, kostbares Gerät und edle Rosse. Zuletzt kam Briseis, schön wie Aphrodite, die Augen verschämt gesenkt.

Agamemnon opferte einen Eber und gelobte feierlich, den Streit zu begraben; auch Achill sprach das Gelöbnis. Darauf stärkten sich die Griechen mit einem reichlichen Mahl für die Schlacht; nur Achill rührte keinen Bissen an. Dann trennte sich die Versammlung.

Als die schöne Briseis in das Zelt ihres früheren Gebieters trat und den Helden Patroklos tot auf einer Bahre liegen sah, warf sie sich weinend über ihn. Denn sie hatte ihn sehr geliebt. Achill aber ergriff seinen Schild und den riesigen Eschenspeer, den außer ihm niemand handhaben konnte, ließ seinen Streitwagen rüsten und die edlen Rosse anschirren und fuhr in den Kampf.

Hektors Tod

Und wieder entbrannte die Schlacht. Die Griechen trugen den Kopf hoch, weil der furchtbare Achill wieder unter ihnen war. Die Trojaner erzitterten vor Angst, als sie von fern den Peliden in seiner glänzenden Rüstung erblickten.

Auf beiden Seiten griffen die Götter in den Kampf ein, ja sie kämpften gegeneinander, und die Schlacht tobte hin und her, ohne dass eine Partei den Sieg erringen konnte. Doch endlich wichen die Trojaner und strömten erschöpft in ihre Stadt zurück. Ausgedörrt von der Sonne, bedeckt von Staub, flohen sie durch das weit geöffnete Tor und sanken, wie sie waren, drinnen am Fuße der Mauer nieder.

Die Griechen rückten, Schild an Schild und Schulter an Schulter, in geschlossener Ordnung gegen die Mauer von Troja vor. Staub wälzte sich vor ihnen her, ihr Schritt dröhnte dumpf, weithin blinkte das Erz der Rüstungen und Waffen in der Sonne.

Von allen Trojanern war nur Hektor draußen vor dem skäischen Tor geblieben. Allein erwartete er den furchtbaren Achill. Denn so wollte es sein Geschick.

Der greise König Priamos war der Erste, der Achill erblickte. Er stand oben auf dem Turm und erkannte den Peliden sofort, der rachedurstig nach Hektor suchte, seinem ärgsten Feind.

»Hektor«, rief der König beschwörend, »mein Sohn, flieh, noch ist es Zeit! Willst du mutwillig dein Leben wegwerfen? Komm herein hinter die schützende Mauer! Die Stadt braucht dich, nur du kannst die Frauen und Kinder hier schützen. Denk an dein Weib, dein Kind! Denk auch an deinen alten Vater! Hat der grausame Achill mir nicht schon genug Söhne genommen…?«

So flehte der alte König, vergeblich. Umsonst auch bat seine Mutter Hekabe, zerriss ihr Gewand und weinte.

Regungslos stand Hektor und erwartete Achill. »Lieber will ich fallen«, sprach er zu sich selbst, »als vor den Augen meines Volkes feige sein.« Wie ein Mühlrad gingen ihm die Gedanken im Kopf herum. »… Oder – wenn ich jetzt Schild und Helm auf die Erde lege, den Speer an die Mauer lehne und ihm entgegengehe, ihm Helena und alle geraubten Schätze anbiete und die Hälfte aller Schätze Trojas dazu…« Er schüttelte trotzig den Kopf. »Weg mit all den weibischen, dummen Gedanken! Als ob er darauf hören würde! Besser, wir schlagen uns, mögen die Götter entscheiden, wem sie den Sieg verleihen!«

Immer näher kam Achill, mit schweren, hallenden Schritten, schrecklich und herrlich wie der Kriegsgott selbst. Der schwere Eschenspeer bebte auf seiner Schulter, das Erz seiner Rüstung glühte wie Gold und Feuer und Blut.

Wie gebannt starrte Hektor ihm entgegen. Dann fing seine Hand, die den Speer umklammerte, an zu zittern, die Schwerthand zitterte, die Knie. So konnte er nicht stehen bleiben. Wie von selbst wandte er sich um, fing an zu laufen und lief davon, immer an der Mauer entlang, und lief und lief…

Und hinter ihm her flog der Pelide, wie der Falke der Taube nachstürzt. So floh Hektor vor Achill, ein Starker vor dem Stärkeren. Er floh an der hohen Mauer von Troja entlang, über die Fahrstraße hinweg bis zu den Quellen des Skamander. Apollon gab ihm Schnelligkeit und Ausdauer.

Dreimal umkreisten sie die Stadt des Priamos. Und Achill winkte seinem Volk zu, dass keiner die Waffe gegen Hektor richten und ihm Rache und Ruhm rauben solle.

Als sie zum vierten Mal auf ihrer Runde an die Quellen des Skamander gelangten, legte droben auf dem hohen Olymp Zeus zwei Todeslose in die goldene Waage, eins für Achill, das andere für Hektor. Und Hektors Waagschale senkte sich tief dem Hades zu. Achills Los aber stieg zum Himmel empor.

Augenblicklich verließ Apollon seinen Schützling Hektor. Athene aber raunte Achill zu: »Halt an und verschnauf dich, ich werde ihm zureden, dass er sich zum Kampf stellt!« Dann lief sie in der Gestalt seines Lieblingsbruders Deiphobos auf Hektor zu und rief: »Bruder, halt an, wir wollen dem Peliden Trotz bieten!«

Hektor erwachte wie aus einem bösen Traum. Sogleich spürte er wieder den alten Mut in sich. »Gut, dass du gekommen bist, Deiphobos«, sagte er. »Du allein hast das Herz gehabt, während alle andern feige hinter der Mauer hocken.«

Er fasste den Speer fester und ging Achill tapfer entgegen. »Sohn des Peleus«, sprach er mit lauter Stimme, »ich will nicht länger vor dir fliehen. Lass uns kämpfen. Mögen die Götter entscheiden, wem sie das schwarze Los geben wollen. Nur eins wollen wir miteinander ausmachen: Wer siegt, soll den Leichnam des andern seinem Volk zur Bestattung übergeben!«

Finster entgegnete Achill: »Lass dein Gerede, Hektor. Von Verträgen will ich jetzt nichts wissen, nur vom Kampf. Wolf und Lamm schließen keine Verträge. Jetzt kommt die Abrechnung für alles, was du den Meinen angetan hast. Tu dein Bestes!«

Und er schleuderte den riesigen Speer gegen Hektor. Doch der duckte sich und die Waffe fuhr weit hinter ihm in den Boden. Nun warf Hektor seinen Speer und traf gut: mitten auf den Schild des Peliden. Aber er prallte ab und fiel zur Erde.

Nun hatte Hektor keinen Speer mehr, doch Athene hatte Achill den seinen zurückgebracht. Bestürzt sah sich Hektor nach seinem Bruder Deiphobos um. Der war verschwunden. Da wusste er, dass die Göttin ihn grausam getäuscht hatte. Auch Apollon, sein treuer Helfer, war weg. Er war allein, nur Achill war da, sein übermächtiger Feind.

Auf einmal stand dem tapferen Hektor sein Schicksal klar vor Augen. Er wollte nicht ruhmlos in den Staub sinken, zog sein Schwert und rannte auf Achill los.

Der Pelide musterte ihn scharf, wo er ihm am besten ans Leben könnte; er schwang den Speer und traf den anstürmenden Hektor über dem Schlüsselbein in den Hals, dass die Speerspitze im Nacken wieder herauskam.

Hektor brach in die Knie. Vergebens bat der Sterbende den Sieger, seinen Leichnam nicht zu schänden, sondern ihn seinem Volk zur ehrenvollen Bestattung zu überlassen.

Achill kannte nur die Rache an dem Mann, der für ihn der Mörder seines Freundes Patroklos war. Grimmig schüttelte er den Kopf und hatte kein Erbarmen. Er zog dem toten Hektor die Rüstung vom Leib, band ihn mit den Füßen an seinen Streitwagen, schwang die Peitsche und jagte, den Leichnam durch den Staub hinter sich herschleifend, dem Lager der Griechen zu.

Von den Zinnen des Turmes am skäischen Tor sah Hektors Mutter Hekabe dem furchtbaren Schauspiel zu. Sie schrie auf in namenlosem Schmerz, riss sich den Schleier vom Kopf und raufte sich ihr weißes Haar. Der alte König Priamos wollte sogleich zum Tor hinausstürzen und dem Mörder seines Sohnes nacheilen. Mit Mühe konnten ihn seine Getreuen festhalten. »Hektor!«, schrie er immer wieder, »Hektor! Alles habe ich ertragen, aber dies ist für einen Sterblichen zu viel!«

Hektors Gattin Andromache saß in ihrem Haus und webte an einem purpurnen Gewand. Als sie plötzlich Geschrei vom skäischen Tor her hörte, das wie eine Woge durch die Stadt rollte, ahnte sie Schlimmes. Geschwind eilte sie zum Stadttor und erblickte eben noch, in einer großen Staubwolke, den Leichnam ihres geliebten Gatten, den der grausame Achill über das troische Feld dem Griechenlager zuschleifte. Jammernd sank sie zu Boden, einsam in ihrem furchtbaren Schmerz.

Und die Totenklage um Hektor, den größten Sohn, durchbebte die Stadt und hallte wider von Mauern und Wänden.

Als der rasende Achill bei den Schiffen angekommen war, ließ er Hektors Leichnam neben der Bahre seines toten Freundes in den Staub werfen. Während das große Totenmahl zu Ehren des Patroklos vorbereitet wurde, richteten die Diener ein Bad für Achill, damit er sich von Blut und Schweiß reinigen könne. Er aber weigerte sich heftig und rief:

»Beim Zeus, kein Bad soll mich erquicken, ehe Patroklos auf dem Scheiterhaufen gelegen hat und ihm ein Grabmal errichtet ist!« Denn noch immer brannte in ihm der Schmerz und nährte den Zorn in seiner Brust und den Hunger nach Vergeltung.

Doch nahm er am Leichenschmaus teil und setzte kostbare Preise aus für Kampfspiele, die zum Gedächtnis des Toten abgehalten wurden. Ein ganzer Wald wurde auf den Höhen des Ida abgeholzt. Daraus wurde ein riesiger Scheiterhaufen errichtet, der hundert Fuß im Geviert einnahm.

Dann geleitete ein prächtiger Leichenzug Patroklos zur Bestattung. Seine nächsten Freunde trugen die Totenbahre, Achill selbst hielt das Haupt des Gefallenen in seinen Händen. Hochauf rauschte die Flamme im Winde und verzehrte den Leib des toten Helden. Mit ihm wurden vier Rosse und neun Hunde verbrannt und zahlreiche Krüge voll Öl und Honig. Die ganze Nacht über lohte das Feuer, Achill brachte der Seele des Freundes mit einem goldenen Becher Opferspenden dar.

Erst als die Morgenröte kam, ruhten Winde und Flammen, der riesige Holzstoß zerfiel zu Asche. Mit rotem Wein löschten die Helden die Glut, dann sammelten sie die Gebeine des Toten auf. In einer goldenen Urne wurden sie begraben und mit einem großen Mal aus Steinen und Erde bedeckt.

Während die Fürsten und ihre Mannen nach der prunkvollen Totenfeier zur Ruhe gingen, fand Achill keinen Schlaf. Ruhelos irrte er am Ufer umher. Im Morgengrauen schirrte er seine Rosse vor den Streitwagen, band Hektors Leichnam daran und schleifte ihn dreimal um das Grabmal seines Freundes Patroklos. Doch weder Staub noch Steine konnten dem Körper des Toten etwas anhaben. Denn Apollon schützte ihn vor Entstellung, und Artemis salbte ihn mit göttlichem Balsam, sodass keine Spur von der Schleifung übrig blieb.

Achill wandte sich ab, kalten Herzens ließ er Hektors Leichnam liegen, mit dem Gesicht im Staub.

Priamos holt Hektor heim

Die Götter im hohen Olymp sahen Achills Grausamkeit mit Missfallen. Denn Hektors geschändeter Leichnam und der Schmerz des alten Königs Priamos rührten den Göttervater und alle Himmlischen. Nur Hera verharrte in ihrer Feindschaft gegen die Trojaner um des Apfels willen, den Paris ihr vorenthalten hatte. Doch Zeus lenkte mit sanfter Hand die Geschicke in eine andere Bahn.

Der König Priamos lag im Vorhof seines Palastes auf dem steinernen Boden und streute Asche auf sein Haupt. Seine Söhne, die der Krieg noch nicht verschlungen hatte, saßen mit Frauen und Kindern um ihn versammelt und hielten Totenklage um Hektor.

Ungesehen näherte sich Iris, die Götterbotin, und gab Priamos den Gedanken ein, in die Höhle des Löwen zu gehen und Hektors Leichnam freizukaufen. So hatte Zeus es ihr aufgetragen. Und der Götterbote Hermes hielt sich bereit, den Greis auf seinem Weg zu beschützen.

Da ließ Primaos einen vierrädrigen Wagen anspannen, holte selbst aus seiner Schatzkammer zwölf kostbare Gewänder, zwölf edle Teppiche und ebenso viele vornehme Mäntel. Dann wog er zehn Talente Gold ab, fügte kunstvoll gearbeitete Geräte und goldene Gefäße hinzu und ließ alles auf den Wagen laden. Ohne auf die Warnungen und Wehklagen seiner Gattin Hekabe und seiner Söhne und Töchter zu hören, ließ er den Herold Idaios das Maultiergespann führen, bestieg selbst einen Streitwagen und fuhr davon in den sinkenden Abend. Er wollte lieber neben Hektors Leiche den Tod erleiden, als weiter tatenlos zu jammern und alles geschehen zu lassen.

Unterwegs trat eine Gestalt aus dem Dunkel, die den König ansprach und sich als ein Myrmidone des Peliden

Achilleus ausgab. In Wahrheit war es der Götterbote Hermes, der den Greis geleiten sollte. Freundlich und achtungsvoll sprach er vom toten Hektor, rühmte seinen Heldenmut und erzählte dem Vater, dass der Leib seines Sohnes unversehrt sei. »Selbst im Tode noch«, sagte er, »halten die Götter die Hand über ihn!«

Priamos war froh über diese Nachricht und bat den Fremden, ihn zu seinem Herrn zu führen. Unter solchem Geleit gelangten die Wagen ungesehen und ungehört durch das nächtliche Griechenlager und ans Zelt des Peliden.

Der alte König sprang herab vom Wagen, fand Achill in seinem Zelt sitzend, wo er gespeist hatte, und eilte auf ihn zu. Er fiel vor ihm nieder, umschlang seine Knie und – küßte ihm die Hände, die schrecklichen Hände, die schon so viele seiner Söhne getötet hatten!

Staunend blickte Achill auf ihn nieder. Da rief der Greis:

»Denk an deinen eigenen Vater, Sohn des Peleus! Auch er ist alt, wie ich, vielleicht ist auch er in Not und hofft auf die Rückkehr seines Sohnes von Troja. Er darf hoffen, aber ich – göttergleicher Achill, ich hatte fünfzig Söhne und die meisten hat der Krieg verschlungen, dieser schreckliche Krieg! Und der Eine, Einzige, der die Stadt und uns alle beschirmen konnte, Hektor, er fiel von deiner Hand! Nun bin ich hier, Achill, um ihn zu holen, und bringe dir unermessliches Lösegeld. Scheue die Götter, Pelide, erbarme dich meiner, denk an deinen eigenen Vater! Sieh, ich küsse die Hand, die schreckliche Hand, die meinen Sohn Hektor erschlagen hat!«

Und Achill sah Peleus, seinen eigenen Vater, vor sich, auch er war alt und würde bald um ihn trauern müssen, seinen einzigen Sohn. Da schmolz das Eis, das der Schmerz um seine Brust gelegt hatte, er erhob sich, um Priamos aufzuheben, und hieß ihn neben sich auf dem Ehrenplatz sitzen.

Doch der alte König wollte sich nicht setzen, solange sein Sohn noch unbestattet draußen im Staube lag. »Gib ihn heraus«, bat er, »mein Herz verlangt nach ihm. Nimm das reiche Lösegeld an und lass mich mit meinem Sohn heimgehen!«

Achill dachte daran, wie bald der Ratschluss der Götter auch den Stärksten in den Staub strecken konnte. Er wusste, dass auch seine Tage gezählt waren. Plötzlich war seine Rache gestillt. Er ließ Hektors Leichnam waschen, salben und in Tücher hüllen und hob ihn mit eigener Hand auf die Bahre. Dann nahm er das stattliche Lösegeld entgegen und freute sich an seinem Wert.

Nun wollte der Greis sogleich aufbrechen. Doch das ließ Achill nicht zu. Er bewirtete Priamos und seinen Herold mit reichlicher Mahlzeit und bestand darauf, dass der König noch einige Stunden ruhte. Priamos hatte seit Hektors Tod weder einen Bissen zu sich genommen noch ein Auge zugetan. Bevor er sich niederlegte, erbat er noch eine Waffenruhe von elf Tagen, um seinen Sohn Hektor würdig bestatten zu können. Achill stimmte zu.

Vor Morgengrauen nahte Hermes und weckte Priamos. »Auf, König«, sagte er leise. »Wenn Agamemnon erfährt, dass du hier bist, müssen deine Söhne das dreifache Lösegeld aufbringen, um dich freizukaufen!« Und er führte Priamos und seine teure Last ungesehen aus dem Lager der Griechen nach Troja zurück.

Als die Morgenröte hinter dem Idagebirge aufstieg, zog der Vater mit seinem toten Sohn in Troja ein. Die Stadt lag noch in tiefem Schlaf. Aber die Seherin Kassandra, die Königstochter, rief die Trojaner mit lauter Stimme zum skäischen Tor. Durch die klagenden Reihen des Volkes hielt der tote Held Einzug.

Neun Tage, Tage voll Trauer, dauerten die Vorbereitungen. Am zehnten Tag flammte der Scheiterhaufen und brannte den Leib des Toten zu Asche. In goldener Urne senkten sie sein Gebein in die Gruft.

Wie Troja fiel

Penthesilea

Hektor war begraben. In Troja herrschte Trauer. Denn wer sollte nun noch gegen den furchtbaren Achill aufkommen und die Stadt schützen, nachdem ihr größter Sohn gefallen war? Vielen schien der Untergang unabwendbar, und es war kein Wunder, dass die Trojaner sich nicht aufs Schlachtfeld hinauswagten.

Aber die Götter hatten es anders beschlossen. Noch war die Stunde, da das heilige Ilion hinsinken sollte, nicht gekommen. Und es sollte noch Hilfe kommen, die niemand erwartet hatte.

Auch die Griechen hatten es nicht eilig, die Schlacht wieder in Gang zu setzen. Nach der Totenfeier für Patroklos blieben sie im Lager, schliefen sich aus und pflegten ihre Waffen.

Achill nahm am Lagerleben keinen Anteil. Tagelang saß er am Grabmal seines Freundes Patroklos und gedachte der gemeinsamen Kindheit und all der schönen Stunden, die er mit dem Freunde geteilt hatte.

Auch heute hatte der Pelide wieder den ganzen Vormittag

am Grabe verbracht und der große Ajax hatte ihm Gesellschaft geleistet. Sie erzählten von den Taten und Tugenden des Toten und die Welt rings um sie versank.

Gegen Mittag schwoll landeinwärts ein Brausen mehr und mehr an. Sie hatten es zunächst für Sturm gehalten, der vom Ida herab über die troische Ebene wehte, aber als es immer lauter wurde und näher kam, hoben sie die Köpfe und lauschten.

Da kam atemlos ein Bote Agamemnons gelaufen und rief schon von weitem: »Hier sitzen die beiden Größten unter den Danaerhelden tatenlos und die Griechen stöhnen in der Schlacht und werden hingemäht von den furchtbaren Feinden! Kommt und helft! Wir brauchen euch und eure Waffen!«

Und nun hörten die beiden, was geschehen war: Die Trojaner hatten unversehens Hilfe erhalten. Die Amazonenkönigin Penthesilea war mit einer kleinen Schar erschienen und wütete nun draußen auf dem Felde unter den Griechen wie eine Löwin in einer Herde Schafe. Sie war eine Tochter des Ares und ebenso streitbar und herrlich im Kampf wie schön an Gestalt und von großem Liebreiz. Ihre Amazonen brachten die Griechen in arge Bedrängnis, die Troer hatten wieder Mut geschöpft und griffen wacker an.

»Auf, Achill«, sagte Ajax und gürtete sein Schwert um, »lass uns gehen, sonst zünden sie uns wieder die Schiffe an!«

Eilig stürmten die beiden Helden in den Kampf. Die Griechen jubelten laut, als sie ihre tapfersten Männer kommen sahen. Und die Troer erzitterten. Achill aber suchte und fand die Amazonenkönigin. Sie warf ihren Speer zuerst auf ihn, aber er prallte von seinem Schild ab, als wäre er auf einen Felsen gestoßen. Achill lachte und rief:

»Was hast du dir eigentlich gedacht, Weib, dich mit mir anzulegen, der ich den gewaltigen Hektor erschlagen habe? Hat dir der Übermut den Kopf verdreht, dass du mich angreifst?«

Und er warf seinen mächtigen Eschenspeer. Sausend durchschnitt er die Luft und traf die Amazonenkönigin in die rechte Brust, dass das dunkle Blut hervorquoll.

Penthesilea ließ die Streitaxt fallen, Nacht umfing sie. Noch einmal raffte sie sich auf und sah ihrem Gegner ins Gesicht. Dann sank sie entseelt zu Boden. Achill starrte betroffen auf die herrliche Gestalt. Erst jetzt sah er, wie schön sie war. Und es fiel ihm wie Schuppen von den Augen, dass er dieses liebliche Geschöpf, anstatt es zu töten, besser als seine Gattin heimgeführt hätte.

Doch dazu war es jetzt zu spät. Nun trauerte Achill, der gerade seinen besten Freund verloren hatte, um die schöne Penthesilea, die er getötet hatte. Und furchtbar war der Schmerz des Vaters, des Kriegsgottes Ares, um sein Kind. Hätte ihn nicht die Scheu vor seinem Gebieter Zeus zurückgehalten, er wäre wohl auf Achill losgestürzt und hätte die Hände in sein Blut getaucht.

Die Griechen konnten die kleine Schar Amazonen, nachdem ihre Königin gefallen war, leicht überwältigen. Aber sie erlaubten es dem König Priamos, die schöne Penthesilea nach Troja zu überführen, wo sie in der Königsgruft bestattet wurde.

Achills Tod

Noch einmal flammte Hoffnung in Trojas Mauern auf, als Memnon, der König von Äthiopien, mit seiner dunkelhäutigen Mannschaft eintraf. Er war ein Halbgott wie Achill, denn Eos, die Göttin der Morgenröte, war seine Mutter. Wenn er an der Spitze seiner schwarzen Kriegerschar einherschritt, war er mit dem Kriegsgott selbst zu vergleichen.

Solange sie in der Schlacht nicht aufeinander trafen, hielten Achill und Memnon reiche Ernte, der eine unter den Troern, der andere unter den Griechen. Als aber Memnon den jungen Antilochos, Nestors Sohn, getötet hatte, rief der alte Vater den Peliden herbei, damit er seinen Leichnam aus der Gewalt der Feinde errette.

Da gerieten die beiden Halbgötter aneinander. Und nun entbrannte ein Kampf, wie er noch nie gesehen worden war. Ringsum schwiegen die Waffen. Selbst im hohen Olymp standen die Götter und blickten wie gebannt herab, wer wohl den Sieg erringen würde. Sie waren einander ebenbürtig, die Kämpfer. Doch Zeus sandte die dunkle Parze dem Memnon, die lichte Achill zu. Und endlich stieß der Pelide seinem Gegner den Speer in die Brust, dass er zum Rücken herausfuhr und Memnon krachend zu Boden stürzte.

Die Trojaner flohen entsetzt, von Achill verfolgt. Eos, die Morgenröte, hüllte sich in Gewölk, sodass es finster auf der Erde wurde. Ihre Kinder, die Winde, flogen herab und entführten den Leib des toten Memnon aus den Händen seiner Feinde. Nichts blieb von ihm übrig als die Blutstropfen, die herabträufelten, während die Winde ihn forttrugen.

Dann stand Achill vor dem skäischen Tor und schickte sich an, mit übermenschlicher Kraft die schweren Torflügel aus den Angeln zu heben, um die Stadt zu erobern. Aber Apollon trat ihm entgegen und gebot ihm Halt. »Hüte dich«, rief er mit mächtiger Stimme, »dass nicht einer der Unsterblichen dich vernichtet!«

Achill erkannte die Stimme wohl, doch er ließ sich nicht einschüchtern. »Geh zur Seite!«, rief er. »Immer hast du zu den Troern gehalten. Nun sieh zu, dass dich nicht noch mein Speer trifft!«

Der zürnende Apollon hüllte sich in eine dunkle Wolke, legte einen Pfeil auf die Sehne und schoss aus dem Nebel dem Peliden in die verwundbare Ferse. Denn der Mensch soll sich nicht gegen die Götter auflehnen.

Bis ins Herz stach Achill der Schmerz. Er stürzte zu Boden wie ein unterhöhlter Turm. Doch erhob er sich noch einmal und schlug links und rechts ein paar Trojaner nieder, die voreilig an seine Rüstung wollten. Aber schon wurden seine Hände kalt, die Füße, zum Herzen hin kroch die Starre. Dumpf erdröhnte die Erde, als der größte Held der Griechen entseelt zu Boden fiel.

Paris war der Erste, der seinen Tod wahrnahm. Jubelnd rief er den Troern zu, sie sollten Achill die Waffen abnehmen. Aber da war schon der große Ajax heran, umkreiste den Leib des toten Helden und erschlug jeden, der zu nahe kam.

Doch das Unfassbare war Wahrheit: Achill, der herrliche große Achill war tot! Die Fürsten trugen seinen Leichnam vom Schlachtfeld zu den Schiffen. Dort umstanden sie ihn in grenzenlosem Schmerz.

Dann wurde sein Leib mit warmem Wasser gewaschen und in schöne Kleider gehüllt. Athene träufelte ihm einige Tropfen des Götterbalsams Ambrosia aufs Haupt, die ihn vor Verwesung schützten. Wie im Schlaf lag er da, unversehrt, frisch wie im Leben, als wollte er gleich wieder erwachen.

In der Nacht zogen sich die Wachen zurück. Aus dem Meer stieg Achills Mutter Thetis mit ihren Schwestern. Sie küsste ihren Sohn auf den Mund und weinte, dass der Boden nass war von ihren Tränen. Als der Morgen graute, verschwanden die Göttinnen.

Die Danaer errichteten einen riesigen Scheiterhaufen und bereiteten Achills Totenfeier vor. Die Rüstungen Erschlagener, Opfervieh, Gold, Krüge mit Öl und Honig und die Locken der schönen Briseis wurden dem Sohn des Peleus zu Ehren mitverbrannt. Aiolos sandte seine schnellen Winde, hochauf schlugen die Flammen. In wenigen Stunden war der große Holzstoß und der Leib des Helden zu Asche verbrannt. Dann wurde die Glut mit Wein gelöscht und die Gebeine Achills neben seinem Freunde Patroklos begraben.

Wie Ajax starb

Die Kampfspiele der Griechen zu Ehren des toten Achill waren zu Ende gegangen. Als einziger Fürst des Griechenheeres hatte Odysseus nicht daran teilnehmen können, weil er im Kampf um den Leichnam des Peliden eine böse Wunde empfangen hatte.

Als alle Siegespreise verteilt worden waren, blieben nur noch die Rüstung und die herrlichen Waffen Achills übrig, die der Gott Hephaistos gefertigt hatte. Sie sollten, so wollte es Achills Mutter, demjenigen zugesprochen werden, der den Leichnam des Peliden vor den Trojanern gerettet hatte.

Kaum war dies gesagt worden, da sprangen zwei Helden gleichzeitig auf, Odysseus und der große Ajax, und gerieten in heftigen Streit darüber. Jeder erhob den Anspruch, dass ihm die Waffen zuständen.

Darüber war der alte Nestor traurig. Er befürchtete, dass am Ende derjenige, der leer ausginge, sich beleidigt vom Kampf zurückziehen werde. Und die Griechen konnten doch auf keinen von beiden verzichten! Deshalb schlug er vor, ein paar gefangene Trojaner als Unparteiische einzusetzen. Vor diesem Schiedsgericht traten nun die beiden Streitenden auf.

Zunächst Ajax. »Welcher Wahn verblendet dich, Sohn des Laertes«, rief er zornig, »dass du dich mit mir messen willst? Vergleicht sich der Hund mit dem Löwen? Hast du vergessen, dass du dich vor dem Feldzug gegen Troja drücken wolltest? Habe ich dir in der Schlacht nicht das Leben gerettet, als du verloren ganz allein im Feind standest? Und willst du etwa abstreiten, dass ich es war, der den Leib des Peliden samt seinen Waffen weggetragen hat? Du bist ja viel zu schwach dazu, nicht einmal die Waffen hättest du tragen können!«

Mit spöttischem Lächeln erwiderte Odysseus: »Wozu die unnützen Worte, Ajax? Du schiltst mich kraftlos und bedenkst nicht, dass nur die Klugheit wahre Stärke verleiht. Sie lässt den Seefahrer seinen Weg durch die wilde Flut finden, sie hat den Menschen zum Herrn über die Tiere gemacht. Und im Rat ist ein Mann mit Verstand mehr wert als ein dummer Muskelberg. Hast du vergessen, dass ich es war, durch dessen List Achill überhaupt gefunden und für den Feldzug gewonnen wurde?«

So stritten sie miteinander; aber es war nur ein Streit mit Worten und den musste Odysseus gewinnen. Am Ende sprach ihm das Schiedsgericht einstimmig die herrliche Rüstung des Peliden zu.

Ajax kochte vor Zorn. Er griff zum Schwert und hätte gewiss Odysseus niedergeschlagen oder die Schiffe angesteckt oder sonst etwas Schreckliches in seiner Wut angestellt, wenn ihn nicht Athene mit Wahnsinn geschlagen hätte. Rasend vor Grimm rannte er davon, geriet zwischen die Schafe der Danaer, die er für feindliche Krieger hielt und wütete schrecklich mit dem Schwert unter ihnen. Einen Leithammel, in dem er seinen Widersacher Odysseus erkannte, band er an einen Zeltpfahl und drosch mit der Peitsche auf ihn ein.

Da berührte Athene ihn mit der Hand und der Wahnsinn wich von ihm. Ajax blickte sich um, besann sich und erkannte, dass der Zorn der Götter ihn heimgesucht hatte. Das Schlimmste war für ihn, dass er zum Gelächter des ganzen Heeres und zum Gespött seiner Feinde geworden war. In seiner Verzweiflung stürzte er sich in sein Schwert.

So fand einer der größten Danaerhelden den Tod, ohne dass die Trojaner einen Finger rühren mussten. Und die Griechen mussten abermals einen Scheiterhaufen errichten und um einen ihrer Besten trauern.

Das hölzerne Pferd

Zehn Jahre lang hatten die Griechen nun schon um Tore und Mauern von Troja gekämpft und noch immer blieb ihnen der Erfolg versagt. Zwar war der schlimme Urheber des Unheils, Paris, nun tot; ein vergifteter Pfeil des Philoktet hatte ihn getroffen. Aber auch die Griechen mussten viele Männer begraben. Und in Troja führte jetzt der tapfere Aeneas den Oberbefehl, kein Grieche konnte einen Fuß in die Stadt setzen.

Da rief der Seher Kalchas die vornehmsten Danaerhelden zusammen und sagte:

»Hört auf mit dem sinnlosen Kampf, so kommt ihr nicht zum Ziel. Ihr müsst euch schon etwas anderes einfallen lassen. Hört an, was ich gestern gesehen habe: Ein Habicht jagte eine Taube. Sie aber schlüpfte in eine Felsspalte. Lange saß der Habicht davor, doch das Tierlein kam nicht heraus. Da verbarg sich der Habicht im nahen Gebüsch. Und siehe, das dumme Täubchen verließ sein Versteck und wurde augenblicklich von dem Räuber geschlagen. Wir sollten uns diesen Habicht zum Vorbild nehmen und Troja nicht länger mit Gewalt berennen, sondern es einmal mit einer List versuchen.«

So viel sie auch darüber nachdachten, die Helden konnten mit diesem Rat nichts anfangen; ihnen fiel nichts ein. Schließlich hatte Odysseus eine Idee.

»Lasst uns ein Pferd zimmern«, rief er, selbst freudig bewegt von seinem Einfall, »ein riesengroßes Pferd aus Holz. In seinem Bauch müssen sich unsere besten Helden verbergen. Die Übrigen aber, das ganze Heer soll sich zu Schiff nach der Insel Tenedos zurückziehen. Dann werden die Trojaner aus ihrer Stadt hervorkommen, weil sie glauben, die Griechen wären in ihre Heimat abgezogen …«

»Schon gut«, rief einer, »aber was nützt uns das? Wozu das Pferd? Haben wir es mühsam gebaut, so muss es uns auch nützlich sein!«

Doch Odysseus hatte seinen Plan gut durchdacht. Ein unbekannter, aber mutiger Mann sollte zurückbleiben und den Trojanern erzählen, das hölzerne Pferd sei eine Opfergabe für Athene. Die grimmige Feindin der Troer solle damit versöhnt werden, damit sie den Griechen wegen ihres Rückzugs nicht zürne und ihnen eine gute Heimfahrt gönne. Er selbst, so solle der Mann sagen, sei geflohen, weil er als Blutopfer ausgewählt worden sei, um die Göttin günstig zu stimmen.

»Nicht schlecht«, rief ein anderer, »aber was soll's? Da steht nun das Pferd, wo früher ein ganzes Heer gelagert hat. Was ist damit gewonnen?«

Odysseus war um die Antwort nicht verlegen. »Nun«, sagte er, »unser Mann muss das Misstrauen der Trojaner überwinden. Ist er selbst erst einmal in der Stadt, dann muss er die Trojaner dazu bringen, dass sie das hölzerne Pferd in ihre Stadt holen. Schafft er das, so haben wir gewonnen. In der Nacht, wenn alles schläft, kommen die Helden aus dem Bauch des Pferdes hervor, legen Feuer in der Stadt und geben uns mit der Fackel ein Zeichen, dass wir von Tenedos absegeln und Troja erstürmen!«

Da zollten alle dem listenreichen Odysseus Beifall. Der Seher Kalchas fand die Vogelzeichen günstig für das Vorhaben und eilig ging man an die Vorbereitungen. Der geschickte Epeios übernahm die Leitung, im Idagebirge wurden viele hochstämmige Tannen gefällt und nach drei Tagen stand das mächtige hölzerne Pferd fertig da. Und so natürlich war es, wenn auch riesengroß, dass ein Witzbold ausrief: »Gleich fängt es an zu wiehern!«

Staunend umstanden die Griechen das Kunstwerk. Da rief Odysseus:

»Jetzt gilt es, ihr Helden! Nun wird sich zeigen, wer Mut hat. Denn es gehört mehr Mut dazu, in den Bauch dieses Pferdes zu kriechen, als in offener Schlacht dem Tod zu trotzen. Wer wagt es mit mir?«

Einen Augenblick blieb es still. Schon wollte der greise Nestor als Erster in das dunkle Verlies klettern, als sich dreißig Helden, so viel nur eben hineingingen, zugleich meldeten. Außer Odysseus waren es Diomedes, Menelaos, Ajax der Lokrer, Philoktet, Antimachos und mit ihnen die Tapfersten des Griechenheeres. Nur Agamemnon durfte nicht mit hinein, weil er den Oberbefehl behalten musste, und Nestor, weil er zu alt war. Als Letzter stieg der Baumeister Epeios ein.

Auch der Mann hatte sich gefunden, der zurückbleiben, sich unter dem Pferd verbergen und die Trojaner überlisten sollte. Er hieß Sinon, und er hatte nicht nur den Mut, sondern auch den nötigen Witz, um seine Aufgabe zu meistern.

Nun brachen die Griechen ihr Lager ab, verbrannten, was sie nicht mitnehmen wollten, und segelten im Schutze der Nacht ab. Die dreißig Helden saßen im finsteren Bauch des hölzernen Pferdes, schweigend und wartend zwischen Tod und Sieg.

Die Wachen der Trojaner hatten wohl die vielen Feuer im Griechenlager bemerkt. Doch als der Tag anbrach und sie das Ufer leer fanden von Zelten und Schiffen, trauten sie ihren Augen nicht; zu sehr hatten sie sich in zehn langen Jahren an den Anblick des Feindes gewöhnt. Doch es war wirklich so: Die Griechen waren weg!

Voller Freude strömten die Trojaner in Scharen dem Ufer zu, aber sie vergaßen nicht, ihre Waffen mitzunehmen. Mitten auf dem Platz, der im Griechenlager zur Versammlung des Volkes gedient hatte, fanden sie das riesige hölzerne Pferd. Staunend umringten sie das gewaltige Bauwerk und rätselten, wozu es gedient haben mochte und was man wohl damit anfangen solle. Die einen wollten es verbrennen oder ins Meer werfen, die andern rieten, es in die Stadt zu schaffen oder als Siegesmal aufzustellen.

Da erhob Laokoon, der Priester Apollons, warnend seine Stimme. »Ihr kennt doch die falschen Griechen und den hinterlistigen Odysseus!«, rief er. »Glaubt ihr wirklich, sie hätten euch ein Abschiedsgeschenk hinterlassen? Tod und Verderben birgt das Ungetüm – traut ihm ja nicht!«

Und er nahm dem nächstbesten Krieger den Speer aus der Hand und stieß ihn gegen den hölzernen Bauch des Monstrums. Dumpf dröhnte es und aus der Tiefe ertönte ein Widerhall wie aus einem Gewölbe. Aber die Trojaner merkten auch jetzt nichts.

Inzwischen hatten ein paar Soldaten den zitternden Sinon unter dem Pferd hervorgezogen. Er wurde sogleich vor den König Priamos gebracht und erzählte mit bewegter Stimme sein Lügenmärchen. Er spielte seine Rolle so gut, dass die Trojaner Mitleid mit ihm hatten. Und als er sagte: »Sie haben das Pferd so groß gemacht, damit ihr es nicht durchs Tor in eure Stadt bringen könnt; denn sonst könnte Athene, die immer eure ärgste Feindin war, sich noch mit euch versöhnen«, da stand es fest, dass das Pferd in die Stadt geschafft werden musste.

Und sie befestigten eilig Räder unter dem Koloss, zogen ihn mit langen Seilen zur Stadt und rissen ein Stück Mauer ein, um das Riesentier hineinbringen zu können. Rumpelnd holperte es über das Pflaster. Klirrte es nicht wie Erz im Bauch des Untiers? Doch das Geräusch ging unter im Jubel des Volkes, im Triumph zogen sie das hölzerne Pferd hinauf in die heilige Burg Pergamos.

Nur die Seherin Kassandra, die Königstochter, kam mit flatternden Haaren und fiebrigen Augen aus dem Königspalast gestürzt und rief:

»O ihr verblendeten Toren! Seht ihr nicht, dass ihr in euer Verderben rennt? Ich sehe Blut und Feuer, es kommt aus dem Bauch des schrecklichen Pferdes und das heilige Ilion versinkt darin!«

Aber niemand schenkte ihr Glauben. Zu oft hatte Kassandra ihre Unheilsrufe über die Stadt ertönen lassen. Zwar hatte sie stets Recht behalten – aber gerade deshalb wollte niemand sie hören. Und war nicht soeben der Priester Laokoon, der ebenfalls vor dem hölzernen Pferd gewarnt hatte, samt seinen beiden Söhnen von zwei Schlangen der Athene erwürgt worden? Ein Gottesurteil, ein untrügliches Zeichen, dass die Göttin versöhnt werden wollte!

Ilions Untergang

Die halbe Nacht hindurch feierten die Trojaner mit Gesang und Tanz, mit Schmausen und Zechen den Abzug ihrer Feinde als einen großen Sieg. Mitternacht war vorüber, als die Letzten endlich, vom Wein gefällt, in tiefen Schlaf sanken.

Da erhob sich Sinon, der mit einer Gruppe im Freien geschmaust und sich dann schlafend gestellt hatte, von seinem Lager. Leise schlich er zum skäischen Tor, fand die

Wächter schlafend und zündete eine Fackel an, mit der er aufs Meer hinaus das verabredete Zeichen gab. Er wusste, dass weit draußen auf der Insel Tenedos wachsame Augen in die Nacht spähten, die sein Feuer sehen würden.

Dann löschte er die Fackel, schlich hinauf auf die Burg, wo das hölzerne Pferd stand, und pochte leise an den hohlen Bauch, einmal, zweimal, dreimal. Kaum war das dritte Zeichen verklungen, da wurde von drinnen der Riegel zurückgeschoben, die Luke öffnete sich, eine Leiter senkte sich zur Erde herab. Schnell kamen, einer dicht am andern, die Helden die Sprossen herabgestiegen, sammelten sich, fassten ihre Schwerter und Speere und stürzten sich wie hungrige Wölfe auf die schlafenden Trojaner.

Trunken von Wein und Schlaf, waffenlos und verwirrt, wie sie waren, wurden die Bürger der Stadt eine leichte Beute ihrer Feinde. Die Griechen warfen Feuer in die Häuser, immer mehr Brände flammten auf, vermehrten den Schrecken und wiesen den Griechen den Weg.

Währenddessen trieb ein günstiger Wind die Flotte der Griechen von der Insel Tenedos dem troischen Ufer zu. Die Danaer warfen sich in ihre Streitwagen und drangen bald darauf in Scharen durch die breite Mauerlücke, durch die tags zuvor das hölzerne Pferd gekommen war, in die Stadt ein.

Nun hob ein furchtbares Gemetzel an. Zwar wehrten sich die Trojaner vielerorts heftig, wer keine Waffen fand, schleuderte Steine und Feuerbrände auf die Eindringlinge, andere gingen mit Sicheln, Hämmern und Äxten auf sie los. Aber der Übermacht der griechischen Truppen waren die einzeln und verstreut Kämpfenden nicht gewachsen.

Schmerzensrufe und Todesschreie, Stöhnen und Klagen erfüllten die Straßen der Stadt. Höher schlugen die Flammen, sie machten die Nacht zum Tage. Vergeblich versuchten die Trojaner, sich zu verbergen, weder Frauen noch Kinder wurden von der Wut der Griechen verschont. König Priamos fand mit allen Söhnen, die ihm noch verblieben waren, den Tod. Und wer wirklich dem Schwert der Griechen und dem Feuer entrann, den traf das harte Los der Sklaverei. So erging es auch Hektors Witwe Andromache; ihr Söhnlein Astyanax kam ums Leben.

Nur der Held Aeneas konnte, nachdem er lange und tapfer gekämpft hatte, dem Gemetzel entkommen. Er lud seinen greisen Vater Anchises auf seine Schultern, nahm seinen Sohn Askanios an die Hand und floh durch das Getümmel in die Nacht hinaus. Seine Mutter Aphrodite half ihm. Wohin er seinen Fuß setzte, wichen die Flammen zurück, der Rauch teilte sich, die Geschosse der Verfolger verfehlten ihn.

Der König Menelaos stürmte mit blankem Schwert durch den Palast und suchte sein ungetreues Eheweib Helena, um die dieser ganze schreckliche Krieg entbrannt war. Als er sie schließlich in einem dunklen Winkel entdeckte, wo sie zitternd vor Angst hockte, wollte er sie töten. Doch angesichts ihrer Schönheit verflog sein Zorn, er ließ sein Schwert sinken und schloss sie in seine Arme.

Hoch stieg die Flammensäule in den Äther auf und verkündete weithin über Land und Meer den Untergang der unglücklichen Stadt Troja, des heiligen Ilion.

Die Götter im hohen Olymp jedoch, bis auf Hera und Achills Mutter Thetis, trauerten um Trojas Fall und bedauerten das Geschick des Königs Priamos und seines Geschlechts. Sie zürnten den Griechen, die durch ihre grausame Rache an wehrlosen Frauen und Kindern Schuld auf sich geladen hatten.

Darum musste noch mancher Held sein Leben lassen, andere kehrten erst nach langen Jahren voll Mühsal und Gefahr in die Heimat zurück. Den König Agamemnon, der die Seherin Kassandra als Beute aus Troja mitbrachte, ließ seine Frau Klytaimnestra umbringen, und Kassandra dazu. Der listenreiche Odysseus aber irrte zehn Jahre lang umher, bis die Götter ihm den Tag der Heimkehr gewährten.

Die Irrfahrten des Odysseus

Der Sohn des Odysseus

Ein Fremder kommt nach Ithaka

Jahre waren vergangen seit Trojas Fall, und wer von den Griechen dem Tod auf dem Schlachtfeld und der stürmischen See entronnen war, befand sich längst zu Hause, glücklich oder unglücklich. Nur einer war noch nicht heimgekehrt: Odysseus, der Sohn des Laertes.

In seinem Palast in Ithaka sah es traurig aus. Die schöne Penelope, seine Gattin, war nicht mehr Herrin im eigenen Haus. Und ihr Sohn Telemachos war zu jung, den Vater zu ersetzen. Andere machten sich breit im Palast des fernen Odysseus, zehrten am Gut des Hausherrn und lebten auf seine Kosten.

Denn als der Trojanische Krieg vorüber und die letzten der Fürsten und Krieger heimgekehrt waren, Odysseus aber ausblieb, da kam das Wort auf, er sei tot. Und das Wort ging von Mund zu Mund, wuchs und wuchs. Erst war es nur ein Gerücht, aber bald war es für viele Gewissheit geworden.

Weil nun Penelope jung und schön und das Gut des Odysseus nicht minder begehrenswert war, hatten sich zahlreiche

Freier eingefunden. Sie kamen von Ithaka und den anderen Inseln ringsumher und es waren mit der Zeit fast hundert geworden. Als wären sie Herren im Hause und nicht Gäste, so führten sie sich auf und trieben mit frechem Übermut ihr Unwesen. Einen eigenen Herold hielten sie, einen Sänger, zwei geübte Köche und großes Gefolge von Dienern und Sklaven. Mit Spiel, Musik und Tanz, mit Schmausen und Zechen vertrieben sie sich die Zeit. Odysseus war tot für sie, und wenn er noch lebte, so war er fern und verschollen.

Sie tranken fröhlich seinen Wein, schlachteten sein Vieh, und jeder von ihnen hoffte, eines Tages auch sein Weib zu bekommen. Drei volle Jahre ging das nun schon so.

Der junge Telemach saß unter den Freiern, ohnmächtig und bekümmert. Er dachte an seinen herrlichen Vater, ob er nicht endlich käme, um dem ganzen Freierspuk ein Ende zu machen. Droben im Söller des Palastes saß einsam Penelope und webte mit den Fingern an einem Gewand, mit ihren Gedanken an dem Netz aus Kummer und Sorge, dem sie nicht entfliehen konnte.

Da trat ein Fremder durchs Tor in den Hof. Er gehörte nicht zu den Freiern. Nach Kleidung und Gestalt musste er edler Abkunft sein. Telemach ging ihm entgegen, ergriff seine Hand und hieß ihn im Haus seines Vaters willkommen.

Mit Wohlgefallen blickte der Fremde auf den schlanken Jüngling. Er ließ sich von ihm in den Saal führen und setzte sich auf den Ehrenplatz zu seiner Rechten. Auf Telemachs Frage, woher er komme, antwortete er:

»Ich bin Mentes, mein Reich ist die Insel Taphos. Meine

Reise führt nach Temesa, dort will ich Kupfer gegen Eisen tauschen. Wenn du deinen Großvater Laertes fragst, wird er dir sagen, dass unsere Häuser seit Altväterzeiten in Freundschaft leben. Ich hoffte, deinen Vater anzutreffen. Ist er nicht zu Hause? Ich kannte ihn gut, bevor er nach Troja fuhr.«

»Zu Hause?«, erwiderte Telemach traurig. »Nein. Dann sähe es hier anders aus.« Er wies auf das Treiben der Freier ringsum. »Siehst du, wie sie hier sein Gut verprassen? Das Gut meines Vaters, dessen Gebeine vielleicht an irgendeinem Gestade bleichen …«

»Das glaube ich nicht!«, rief der Fremde. »Ich bin sicher, dass er noch lebt. Er ist gewiss irgendwohin auf eine ferne Insel verschlagen, wo er mit Gewalt festgehalten wird. Ganz sicher ist es so.« Er beugte sich zu Telemach und raunte ihm ins Ohr: »Warum wirfst du sie nicht hinaus? Was wollen die vielen Fresser hier?«

Bekümmert antwortete Telemach: »Ich kann es nicht, mir fehlt die Macht dazu. Außerdem freien sie um die Hand meiner Mutter. Und sie will nicht Ja und kann nicht Nein sagen. Denn wenn er wirklich nicht wiederkommt, muss sie einem Freier ihr Jawort geben. Inzwischen verzehren sie unser Gut …«

Zornig sagte der Fremde: »Ja, du hast den Vater noch nötig, mein Junge! Er würde hier reinen Tisch machen. Schick sie weg, die Freier, das rate ich dir. Sag, sie sollen nach Hause gehen. Deine Mutter aber soll, wenn sie an Heirat denkt, ins Haus ihres Vaters Ikarios gehen und sich dort schmücken. Hier ziemt sich das nicht. Doch du, Telemach, rüste ein schnelles Schiff mit zwanzig Rudern und mach dich auf, deinen Vater zu suchen! Fahr nach Pylos zum alten Nestor, vielleicht hat er etwas gehört über ihn. Wenn nicht, dann reise weiter nach Sparta zum König Menelaos; er ist als Letzter von Troja heimgekehrt und wird gewiss etwas wissen. Denn, Sohn des Odysseus, du bist kein Knabe mehr, vor dir liegt deine Aufgabe. Ergreife sie, damit spätere Geschlechter einst deinen Namen mit Achtung nennen!«

Als der Fremde dies gesagt hatte, war er ganz plötzlich verschwunden. Nur ein Vogel stieg steil in den Äther auf und verging im Blau. Telemach erschrak und wusste plötzlich, dass ein Gott ihn besucht hatte. Lange dachte er über seine Worte nach.

Telemach und die Freier

Der Fremde aber war kein anderer als Pallas Athene gewesen. Ihr lag das Schicksal des leidgeprüften Odysseus besonders am Herzen. Doch auch die übrigen Götter hatten Mitleid mit ihm. Nur der Meergott Poseidon blieb sein unversöhnlicher Feind. Wenn er Odysseus auch nicht gegen den Ratschluss der Götter vernichten konnte, so legte er ihm doch überall Hindernisse in den Weg. Er war es auch, der ihn auf die ferne Insel Ogygia geworfen hatte, wo er seit Jahren in der Gewalt der Nymphe Kalypso, einer Tochter des Atlas, lebte. Sie begehrte ihn zum Gatten, er aber blieb seiner Gattin Penelope treu und versagte sich der schönen Nymphe.

Endlich war im Rat der Himmlischen beschlossen worden, Odysseus aus den Banden der Inselfürstin Kalypso zu befreien. Die Gelegenheit war günstig, denn Poseidon war gerade weit weg, in Äthiopien, wo er an einer Hochzeitsfeier teilnahm. Zeus schickte den Götterboten Hermes nach der fernen Insel Ogygia, damit er der Nymphe den Willen der Götter verkünde. Athene aber war nach Ithaka geeilt, um dem verzagten Sohn des Odysseus Mut zuzusprechen. Denn es konnte geschehen, dass Odysseus doch noch Haus und Hof und sein Weib Penelope an einen der aufdringlichen Freier verlöre.

Doch Telemach war wie verwandelt. Es war, als wäre er plötzlich zum Mann gereift. Auch seine Mutter sah dies mit Verwunderung.

Am nächsten Tag rief er das Volk zu einer Versammlung und lud auch die Freier dazu ein. Als alle beisammen waren, erschien der Sohn des Odysseus, den Speer in der Hand, und trat mit solcher Würde vor sie hin, dass alle ehrerbietig Platz machten. Er setzte sich auf den Stuhl seines Vaters, ließ sich das Zepter reichen und sprach mit weit hallender Stimme:

»Bürger von Ithaka! Schwere Sorge bedrückt mich. Nicht genug, dass euer König, mein hochgeborener Vater, verschollen ist – jetzt will man auch noch sein Haus verderben und seinen ganzen Besitz vernichten! Ein Heer von unerwünschten Freiern bedrängt meine Mutter Penelope. Seit Jahr und Tag liegen sie uns auf der Tasche, verzehren unser Vieh, trinken unsern Wein und tun so, als ob schon alles ihnen gehörte! Hundertmal habe ich ihnen gesagt, sie sollen beim Vater meiner Mutter, dem edlen Ikarios, um ihre Hand anhalten, wie es sich geziemt – aber sie weichen nicht einen Schritt!«

Zornig warf er sein Zepter zu Boden, Tränen stürzten ihm über die Wangen. Er wandte sich den Freiern zu und rief:

»Schämt ihr euch denn gar nicht? Fürchtet ihr nicht die Strafe der Götter? Was hat mein Vater, was habe ich euch getan, dass ihr mir das antut?«

Die Freier saßen da und blickten schweigend zur Erde. Nur einer, Antinoos, sprang auf und entgegnete heftig: »Nicht wir Freier sind schuld, sondern Penelope, deine Mutter! Warum entscheidet sie sich nicht? Seit drei Jahren führt sie uns an der Nase herum. Sie müsse erst für ihren Schwiegervater Laertes das Totenhemd weben, hat sie uns gesagt. Und was tut sie? Was sie tagsüber gewebt hat, trennt sie nachts heimlich wieder auf! Ich habe sie selbst dabei ertappt. So höre unsere Antwort, Telemach: Deine Mutter soll sich endlich für einen von uns entscheiden und ihr Jawort geben! Bis dahin bleiben wir hier und zehren an deinem Erbe, verlass dich drauf!«

»Ich kann sie doch nicht zwingen!«, erwiderte Telemach entrüstet. »Und ihr werdet so nicht zum Ziel kommen. Nein, geht nach Haus und verzehrt eure eigenen Güter! Ich aber flehe zu den Göttern, dass sie meinen Vater heimschicken, damit er der schlimmen Wirtschaft ein Ende macht!«

Darauf höhnten die Freier nur, Odysseus sei tot und kein Gott könne ihn wieder zum Leben erwecken. Und Telemach konnte kein Recht finden, und niemand war da, der den Übermut der Freier dämpfen konnte.

Da begehrte Telemach von der Volksversammlung ein schnelles Schiff mit zwanzig Rudern. Damit wolle er nach Pylos und nach Sparta fahren, um nach dem verschollenen Vater zu fragen. Lebe sein Vater Odysseus, so wolle er noch ein weiteres Jahr auf seine Rückkehr warten. Sei er jedoch tot, dann möge ein anderer Mann die Mutter heimführen.

Die Reise nach Pylos und Sparta

Noch in der Nacht, als Penelope längst zur Ruhe gegangen war und die Freier schon weinschwer daheim in ihren Betten schliefen, fuhr Telemach ab. Er hatte am Abend gleich Ruderer angeworben und von einem reichen Kaufmann ein schnelles Schiff geliehen. Der alte Mentor, ein Freund seines Vaters, hatte ihm dabei geholfen und darauf bestanden, ihn auf seiner Reise zu begleiten. Nachdem genügend Proviant aus der Vorratskammer des Odysseus geholt und an Bord gebracht worden war, brachten sie den Göttern ein Trankopfer dar und segelten bei gutem Wind los.

Als die Sonne aufging, lag die Küste mit der Stadt Pylos, wo der greise Nestor regierte, vor ihnen. Sie liefen in den Hafen ein, sahen schon viel Volk auf den Beinen und erfuhren, dass gerade ein großes Opferfest für Poseidon stattgefunden hatte.

Der alte Nestor saß mit seinen Söhnen beim Festmahl. Als ihm die Ankunft der Fremden gemeldet wurde, ging er ihnen entgegen, hieß sie willkommen und lud sie an die Tafel ein. Telemach erhielt den Ehrenplatz neben ihm.

Als sie sich an Speise und Trank gesättigt hatten, fragte Nestor nach Ziel und Zweck ihrer Reise. Da gab sich Telemach als Sohn des Odysseus zu erkennen und bat Nestor, ihm alles zu sagen, was er über seinen Vater wisse – auch wenn es etwas Schlimmes sei. »Ich bitte dich, ehrwürdiger Nestor«, schloss er, »verschweige mir nichts, selbst wenn du seinen Tod melden musst!«

Der alte Nestor holte weit aus, erzählte vom Kampf um Troja, von der Helden Zorn und Tod und des Langen und Breiten von seiner eigenen Rückkehr. Nur von Odysseus wusste er so wenig wie Telemach selbst. Doch er sagte:

»Dringend rate ich dir, den König Menelaos in Sparta aufzusuchen. Er ist selbst erst vor kurzem von langer Irrfahrt nach Hause zurückgekehrt. Wenn irgendeiner, so hat er gewiss etwas über deinen Vater, den Helden Odysseus, gehört.«

An Telemachs Stelle antwortete Mentor, sein Begleiter: »Hab Dank für deinen Rat, ehrwürdiger Nestor. Ich verabschiede mich jetzt und gehe zum Schiff, denn ich habe noch Geschäfte bei den Kaukonen abzuwickeln und will noch heute weitersegeln. Meinen Freund Telemach aber«, denn das hatte Nestor angeboten, »sende mit einem flinken Wagen nach Sparta.«

Kaum hatte Mentor seine Worte beendet, da war er verschwunden, als hätte ihn der Erdboden verschluckt. Im selben Augenblick erhob sich nahebei ein Adler, den zuvor niemand gesehen hatte, schwang sich auf in die Lüfte und verlor sich schnell im Blau des Himmels.

Telemach sah wohl, dass Athene ihn in der Gestalt des alten Mentor begleitet hatte. Nestor aber ergriff seine Hand und sagte bewegt: »Du darfst wohl hoffen, mein Sohn, denn die Götter geleiten dich auf deinem Wege. Das war gewiss Pallas Athene, sie hat schon deinem Vater stets geholfen, mehr als irgendeinem anderen Griechen!«

Am andern Morgen brach Telemach mit Peisistratos, einem von Nestors Söhnen, zur Reise nach Sparta auf. Sie fuhren den ganzen Tag über schnell dahin, verbrachten die Nacht in der Burg eines Freundes und trafen am nächsten Tag, als die Schatten lang wurden, in der großen, zwischen Bergen gelegenen Stadt Sparta ein.

Im Palast des Königs Menelaos herrschte fröhliches, festliches Treiben. Helenas Tochter Hermione war dem mutigen Sohn des Achilleus, Neoptolemos, anverlobt und sollte demnächst zu ihm aufbrechen.

Der Wachhabende am Tor des Palastes wollte die beiden Jünglinge, als sie mit ihrem Wagen ankamen, in einen Gasthof in der Stadt einweisen. Doch das litt der König Menelaos nicht. Er befahl, die Rosse abzuschirren und die Fremden, wie es Brauch sei, zum Festmahl hereinzubitten.

Telemach staunte über die Pracht und den Reichtum, der ihm allenthalben im Palast des Königs von Sparta entgegentrat. »Sieh nur, Peisistratos«, raunte er seinem Begleiter zu, »das viele Gold und Silber und Elfenbein! Was für Schätze!

Selbst Zeus im hohen Olymp kann nicht herrlicher wohnen!«

Menelaos, der die letzten Worte gehört hatte, erwiderte lächelnd: »Mit Zeus soll kein Sterblicher wetteifern, sein Reich ist unvergleichlich. Gewiss, unter den Menschen ist nicht leicht einer zu finden, der sich an Reichtum mit mir messen kann. Aber«, nun wurde er ernst, »auch mir ist nichts geschenkt worden. Über acht Jahre, leidvolle Jahre, bin ich umhergeirrt, bis ich endlich von Troja nach Hause kam. Ich war auf Zypern, in Phönikien, Ägypten, Äthiopien, Libyen – ja, viele Länder habe ich gesehen. Und während ich dort überall kostbaren Besitz erwarb, hat zu Mykene ein Meuchelmörder mir den Bruder erschlagen, meinen königlichen Bruder Agamemnon! Durch die List seines treulosen Weibes ist er umgekommen. Deshalb werde ich meines Besitzes nicht froh. Überhaupt, wie gern würde ich die Hälfte davon oder mehr hergeben, könnte ich die tapferen Männer zum Leben erwecken, die vor Troja gefallen sind! Ja, um keinen trauere ich mehr als um den hochsinnigen, klugen Odysseus. Dabei weiß ich nicht einmal, ob er noch lebt – vielleicht trauert sein alter Vater Laertes längst um ihn, seine edle Gattin Penelope und sein junger Sohn Telemach, der noch ein Säugling war, als er ihn verließ!«

Hier konnte Telemach nicht anders, er musste seinen Tränen freien Lauf lassen. Beschämt drückte er den Mantel vors Gesicht. Dem König von Sparta blieb dies nicht verborgen, und er ahnte bereits, wen er vor sich hatte.

Aber nun kam die Königin Helena aus ihren Gemächern,

schön wie ein Sommermorgen, und nahm im Sessel neben ihrem Gemahl Platz. »Wer sind die Fremden?«, fragte sie leise. »Seltsam, nie habe ich ein Gesicht gesehen, das mich so sehr an Odysseus erinnert!«

Da sprach Peisistratos, der ihre Worte gehört hatte, laut: »Du hast Recht, Königin, es ist Telemach, der Sohn des viel geprüften Odysseus! Er ist zu bescheiden, seinen Namen zu nennen. Mein Vater Nestor sendet uns hierher. Er hofft, König Menelaos, von dir Nachricht über seinen Vater zu erhalten!«

Freude und Rührung ergriff den König und alle, die diese Worte gehört hatten. Telemach und sein Begleiter Peisistratos wurden wie alte Freunde geehrt und bewirtet. Bevor sie sich zur Ruhe begaben, sagte Menelaos:

»Ich erinnere mich genau, was mir der Meergott Proteus in Ägypten gesagt hat; ich hatte ihn nach langem Kampf überwunden und gezwungen, mir über die Schicksale der Griechenhelden etwas zu offenbaren. ›Odysseus‹, so sagte er, ›sah ich auf einer einsamen Insel Tränen der Sehnsucht vergießen. Dort hält ihn die Nymphe Kalypso fest, und er hat weder Schiff noch Ruderer, um in die Heimat zurückzukehren.‹«

Der Schiffbrüchige

Floßfahrt

Hermes, der Götterbote, schwang sich in den Äther und flog weit über das Meer, bis er die einsame Insel Ogygia erreichte. Dort fand er die schön gelockte Nymphe Kalypso in ihrer Grotte. Knisternd brannten die Zedernscheite auf dem Herd und verbreiteten würzigen Rauch über die Insel. Kalypso sang mit wohlklingender Stimme und webte mit goldenem Kamm an einem kostbaren Stoff. Ein grüner, dichter Hain aus Erlen, Pappeln und Zypressen umgab die Grotte, in der sie ihre Gemächer hatte. In den Zweigen nisteten bunte Vögel, ein Weinstock bot seine reifen Trauben im Überfluss dar. Quellen entsprangen aus dem Fels und bewässerten üppige Wiesen voller Kräuter und bunter Blumen.

Einen Augenblick verweilte Hermes, um die schön gelegene Wohnung der Nymphe zu bewundern. Dann betrat er ihr Gemach. Als Kalypso ihn erblickte, erkannte sie ihn sogleich. Denn so fern sie auch voneinander wohnen mögen, die Himmlischen kennen sich dennoch. Odysseus war jedoch nicht zu Hause. Wie immer saß er am Strand und blickte sehnsüchtig aufs Meer hinaus.

Als Hermes seine Botschaft ausgerichtet hatte, dass der leidgeprüfte Odysseus heimkehren solle, rief Kalypso empört:

»O ihr grausamen, eifersüchtigen Götter! Habt ihr nicht selbst euch mit Sterblichen verbunden und mir gönnt ihr den geliebten Mann nicht? Habe ich ihn nicht vor dem sicheren Tode errettet, als er schiffbrüchig an meine Küste trieb? Ach, ich wollte ihm ewige Jugend verleihen – doch was vermag ich gegen Zeus, den Allmächtigen? So mag er denn wieder hinausfahren auf das unendliche Meer. Was ich tun kann, ihm zu helfen, das soll geschehen.«

Als Hermes sah, dass die Nymphe dem Ratschluss der Götter gehorchen würde, war er zufrieden und kehrte zum Olymp zurück. Kalypso aber ging selbst an den Strand, wo Odysseus saß und seinen traurigen Gedanken nachhing, und sagte:

»Armer Freund, du sollst nicht länger hier in Schwermut versinken. Ich gebe dich frei. Auf, geh in den Wald und fälle Bäume, schlage Balken und Bohlen daraus und bau dir ein Floß! Mit Proviant will ich dich wohl versehen und für guten Wind von Land werde ich sorgen. Mögen dich die Götter dann glücklich in die Heimat geleiten – das liegt nicht bei mir.«

Odysseus, dem der plötzliche Sinneswandel seiner Herrin nicht geheuer war, sah sie misstrauisch an. Sie aber lächelte, streichelte seine Hand und schwor beim Styx, bei Himmel und Erde, dass sie es ehrlich meine.

Da nahm Odysseus freundlichen Abschied von ihr und machte sich gleich an die Arbeit. Zwanzig trockene Fichten schlug er, glättete die Stämme und fügte sie mit Bolzen und Klammern aus Erz zu einem festen Floß. In der Mitte legte er einen Boden aus Brettern. Dann richtete er einen Mast auf, schlug eine Rahe für das Segel an und fertigte ein Steuerruder, das er zum Schutz gegen Brecher mit einem Weidengeflecht umgab.

Inzwischen brachte Kalypso Leinen für das Segel und Proviant. Als alles fertig war, legte Odysseus Rollen unter das Floß und zog es das Ufer hinab ins Wasser. Darauf setzte er Segel und fuhr mit günstigem Wind hinaus auf die offene See.

Dann saß er am Ruder, Tag für Tag und in den Nächten, kein Schlaf kam ihm in die Augen, und er blickte voraus dorthin, wo Ithaka weit in der Ferne lag. Des Nachts richtete er sich nach den Sternbildern, wie Kalypso es ihn gelehrt hatte, und fand seinen Weg.

Siebzehn Tage fuhr er so über das Meer. Am achtzehnten Tag stiegen die blauen Bergrücken des Phäakenlandes wie ein Schild aus der dunklen Flut.

Doch jetzt entdeckte ihn Poseidon, der soeben aus Äthiopien zurückkam. Er hatte bei der letzten Ratsversammlung der Götter gefehlt und merkte nun, dass diese seine Abwesenheit benutzt hatten, Odysseus aus der Schlinge zu ziehen. Grimmig brummte er: »Nun, der soll noch Jammer genug erfahren!« Er rief die Wolken und Winde herbei und rührte mit seinem Dreizack die Wogen gewaltig auf.

Da pfiff der Sturm um Mast und Segel, dass Odysseus Herz und Knie zitterten. Dunkelheit sank auf das Meer hernieder, donnernd schlugen die Wogen auf das kleine Floß und drohten, es zu zerbrechen. »Ach, wäre ich doch vor Troja gefallen!«, rief Odysseus verzweifelt. Da fuhr eine riesige Woge herab, traf das Floß in der Mitte und brach es auseinander.

Odysseus wurde ins Meer geschleudert, geriet tief unter Wasser, kam endlich wieder hoch, spie das geschluckte Wasser aus und schwamm den Trümmern des Floßes nach. Hier rollte der Mast in der Flut, dort die Rahe und weit voraus trieb der Rumpf in der wütenden See. Odysseus kämpfte sich durch den dampfenden Gischt. Schwer hing das nasse Gewand, das Kalypso ihm gewebt hatte, an seinen Gliedern.

Endlich gelang es ihm, das beschädigte Floß zu erreichen und sich hinaufzuziehen. Keuchend krallte er sich auf den Stämmen fest und trieb dahin, ein Spielball der Wogen.

Plötzlich tauchte neben ihm die Meergöttin Leukothea aus der Flut, erhob sich wie ein Wasservogel und setzte sich neben ihn auf einen Balken. Voll Mitleid mit dem gequälten Mann sagte sie:

»Du Armer, nicht wahr, Poseidon verfolgt dich mit seinem Zorn! Aber sei getrost, es wird ihm nicht gelingen, die Götter haben es anders beschlossen. Wirf das nasse Gewand ab, nimm diesen Schleier, binde ihn dir um die Brust und schwimm los! Nur Mut, es wird dir nichts geschehen. Und wenn du an Land kommst, wirf den Schleier hinter dich ins Meer!«

Schon war sie verschwunden. Odysseus aber zweifelte, ob er das Floß, seine letzte Zuflucht, aufgeben und dem Wort der Göttin vertrauen dürfe. Solange das Floß hielt, wollte er auf ihm aushalten, und erst wenn die Wogen es zerschlügen, sich in die Flut stürzen und schwimmen.

Als hätte Poseidon seine Gedanken erraten, kam gleich darauf eine gewaltige Sturzsee, haushoch stieg sie in den Himmel und stürzte sich auf das kleine Fahrzeug. Wie Spreu fegte sie die Stämme durcheinander.

Aber Odysseus schwang sich auf einen Balken wie auf ein Rennpferd. Er zog das triefnasse Gewand aus, band sich den Schleier der Meergöttin um die Brust und glitt kopfüber hinein in die salzige Flut.

Kopfschüttelnd sagte Poseidon, den Mut des Mannes bewundernd: »Nun, wie du willst. Du sollst auch so auf deine Kosten kommen, bis du wieder unter deinesgleichen bist!«

Dies konnte der Meergott der aufgerührten See selbst überlassen. Er gab seinen Rossen die Peitsche und fuhr davon in seinen Palast.

Odysseus trieb nackt und allein in den Wellen, nur der Schleier schützte ihn und Athenes unsichtbare Hand. Am dritten Tag endlich sah er ein bewaldetes Ufer und erblickte, vom Kamm einer hohen Woge herab, Land voraus. Er trieb darauf zu und schwamm, so schnell er konnte, um endlich festen Boden zu erreichen.

Aber nun kam ein Brausen auf ihn zu und er hörte die

Brandung donnern und sah die Klippen vor sich ragen. Eine riesige Woge trug ihn davon, warf ihn gegen eine Klippe und riss ihn zurückflutend wieder hinaus ins Meer.

Doch als er aus ihrem Schwall auftauchte und den Kopf heben konnte, da sah er zur Rechten eine Bucht, ein Fluss mündete hinein, und da war weder Brandung noch Klippe. Mit letzter Kraft schwamm Odysseus, schwamm und gewann das flache Ufer und brach darauf nieder. Ohnmächtig, die Glieder geschwollen, lag er da, Wasser quoll ihm aus Mund und Nase.

Langsam kam er zu sich, stand auf und warf den Schleier der Meergöttin hinter sich in die Flut. Dann kniete er nieder, streichelte das Schilf am Ufer und küsste die Erde.

Er stieg das Ufer hinauf bis an den nahen Wald. Kühl wehte der Nachthauch vom Meer her. Unter dem dichten Gezweig eines Olivenbaumes richtete er sich ein Lager aus dürren Blättern, deckte sich mit Laub zu und sank in einen tiefen Schlaf.

Nausikaa

Er erwachte von einem vielstimmigen Schrei, fuhr auf und glaubte im ersten Augenblick, von Wilden bedroht zu sein. Aber dann hörte er Lachen und Rufe von Mädchenstimmen. Zunächst dachte er an Flussnymphen, doch dann kam ihm alles sehr menschlich vor.

Denn als er sich erhoben hatte und zwischen den Zweigen

hindurchspähte, sah er eine Schar junger Mädchen einem Ball nachblicken, der offenbar sein Ziel verfehlt hatte und weit hinaus ins Wasser des Flusses gefallen war.

Nein, das waren keine Nymphen, es waren Menschen, und mit ihnen musste er sprechen, um zu erfahren, wo er war und wie er in die Heimat gelangen konnte. Er brach einen Zweig ab, mit dem er seine Blöße bedeckte, und trat aus dem Olivengebüsch hinaus auf die Uferwiese.

Als die Mädchen ihn so plötzlich vor sich sahen, nackt, wie er war, und von Schlick und Tang aus der salzigen Flut entstellt, hielten sie ihn für ein Seeungeheuer. Kreischend stoben sie nach allen Seiten auseinander und rannten davon.

Nur eine, die nach Haltung und Kleidung die vornehmste zu sein schien, mit lieblich-ernstem Gesicht, blieb ruhig stehen und erwartete ihn.

Odysseus rief ihr zu: »Wer du auch bist, Göttin oder Menschenkind, hab Mitleid mit mir! Ein schlimmes Geschick hat mich schiffbrüchig an diese Küste verschlagen, zwanzig Tage trieb ich im Meer und der Sturm hat mir alles genommen. Gib mir einen Fetzen, meine Blöße zu bedecken«, er sah wohl, dass die Mädchen Wäsche gewaschen hatten, viele weiße Stücke lagen auf den Uferkieseln ausgebreitet, »und sag mir, Herrin, wo ich bin und was für Menschen in diesem Land wohnen!«

Das junge Mädchen erwiderte freundlich: »Fremdling, dir kann man vertrauen. Zeus teilt die Geschicke den Menschen zu, man kann sie sich nicht aussuchen. Gern helfe ich dir und mein Land wird dich nicht abweisen. Dies ist das Land der Phäaken, dort liegt unsere Hauptstadt, ich bin Nausikaa, des Königs Alkinoos Tochter. Ihn wirst du nicht vergeblich um Beistand bitten.«

Dann rief sie die Mägde herbei, hieß sie Kleider für den Fremdling bereitlegen und Öl für seine vom Salzwasser wunde Haut. Und er ging abseits, wusch sich die Salzkruste vom Körper und salbte sich mit dem Öl.

Als Odysseus bald darauf, erfrischt und gekämmt und bekleidet, wieder vor Nausikaa und ihre Mägde trat, war er nicht wieder zu erkennen. Der hoch gewachsene Mann war eine stattliche, schöne Erscheinung, denn Athene hatte ihm Glanz und Jugendfrische verliehen. Er stärkte sich an Speise und Trank, seit Tagen hatte er Hunger und Durst gelitten.

Die Mägde sammelten die Wäsche in Körbe, die sie auf einen Maultierwagen luden, dann brach die ganze Schar zum Heimweg auf. Odysseus wollte sich ihnen anschließen, aber die Königstochter Nausikaa sagte:

»Folge uns, Fremder, solange wir durch die Felder der Stadt zu ziehen. Aber sobald wir am heiligen Hain der Athene ankommen, du erkennst ihn an den schlanken silbrigen Pappeln, setz dich nieder und lass uns vorausgehen. Es möchte sonst ein Gerede geben, wenn die Tochter des Königs mit einem Unbekannten in die Stadt einzieht. Nach einer Weile kommst du allein nach, den Weg zum Palast kann dir jedes Kind sagen. Geh durch den Vorhof ins Haus und geradewegs in die Halle. Dort findest du meine Mutter am marmornen Pfeiler sitzen, sie dreht purpurne Wolle auf die Spindel. Umfange ihre Knie und bitte sie um ihren Schutz, dann wird es dir an nichts fehlen.«

Sie schwang die Peitsche, der Zug setzte sich in Bewegung. Odysseus blieb im Hain der Athene zurück und schlug ein wenig später allein den Weg in die Stadt der Phäaken ein. Es war eine große Stadt, in der geschäftiges Treiben herrschte. Vor allem der Hafen mit einem Wald hoher Masten und mit großen Schiffswerften zeugte von Macht und Reichtum der Phäaken.

Odysseus rief ein kleines Mädchen zu sich und bat es, ihm den Weg zum Königspalast zu zeigen. Es war aber niemand anders als Athene und sie führte ihn unsichtbar durch die Menge bis vor das Haus des Königs Alkinoos. Staunend betrachtete Odysseus den herrlichen Palast, der im Sonnenlicht glänzte von Gold und Silber. Prächtige Bildwerke aus Stein und Erz schmückten Gänge und Nischen, kostbare Teppiche bedeckten die Fußböden.

Noch in Athenes Nebel gehüllt, schritt Odysseus durch den Saal, in dem vornehme Phäaken beim Festmahl saßen, auf die Königin zu. Neben ihr saß, den goldenen Königsbecher in Händen, der Herrscher Alkinoos. Vor der Königin Arete fiel Odysseus nieder, der Nebel um ihn schwand, er umfing ihre Knie und flehte sie um Schutz an.

Da erhob sich der König Alkinoos, nahm den Fremdling bei der Hand und führte ihn auf den Platz zu seiner Linken. »Willkommen, Fremder, wer du auch seist«, sagte er, »ob Mensch oder Gott, wie mir deiner Gestalt nach scheint – unsere Gastfreundschaft ist dir gewiss. Und soweit du Schutz brauchst, sei er dir gewährt.«

»Hab Dank, König«, erwiderte Odysseus. »Ich bin nur ein armer Sterblicher, der mehr Unglück erlitt als sonst wohl einer auf dieser Erde. Und ich habe viele Jahre auf einer einsamen Insel verbracht und bin zwanzig Tage auf dem Meer herumgeirrt, schiffbrüchig geworden und endlich von den Wogen an euer Gestade gespült worden. Nun wünsche ich nichts sehnlicher, als endlich in die Heimat zu gelangen!«

»Du bist uns als Gastfreund willkommen«, sagte der König freundlich, »und wenn du immer bei uns bleiben wolltest, ich würde dir gern Haus und Hof zu eigen geben. Wenn es dich aber in die Heimat zieht und du dich sehnst nach deinen Lieben – ich gebe dir Schiff und Ruderer, wohin du fahren willst, und läge deine Heimat am Ende der Welt!«

Odysseus dankte dem König für seine Worte, verabschiedete sich von seinen Gastgebern und legte sich auf das weiche Lager, das ihm die Königin unter der Vorhalle hatte richten lassen. In tiefem, langem Schlaf erholte er sich von der Mühsal und Gefahr.

Am Königshof der Phäaken

Am andern Morgen rief der König Alkinoos das Volk zu einer Versammlung auf den Marktplatz der Stadt. In feierlicher Rede stellte er den Fremdling als Schutzsuchenden vor und empfahl, ihm ein tüchtiges Schiff mit zweiundfünfzig

Ruderern zur Verfügung zu stellen. Dann lud er die Vornehmen zu einem Festmahl zu Ehren des Gastes in den Palast und ließ auch den blinden Sänger Demodokos rufen, der die Gäste mit seinem Gesang erfreuen sollte.

Zweiundfünfzig phäakische Jünglinge meldeten sich freiwillig, rüsteten ein gutes Schiff und begaben sich dann in den Palast zum Festmahl. Zwölf Schafe, acht Schweine und zwei Stiere waren schon geschlachtet worden, das Fleisch dampfte in den Kesseln.

Bald füllte sich die weite Halle mit Gästen und das Mahl begann. Der Herold führte den blinden Sänger herein, den Liebling der Musen; das Augenlicht hatte er verloren, aber das Herz war ihm hell von süßem Gesang. Sie setzten ihn in einen Lehnstuhl an die große Säule inmitten des Saales, hängten die Harfe neben ihm auf und gaben ihm zu essen und zu trinken. Sein Becher blieb stets gefüllt.

Als das Mahl vorüber war, begann der Sänger sein Lied. Er sang von Helden, deren Ruhm damals hoch an den Himmel reichte, den Helden von Troja. Von den Besten unter ihnen und von ihrem Streit sang er, vom gewaltigen Achill und vom listenreichen Odysseus.

Der Fremde ließ den Kopf sinken und legte die Stirn in die Hand, damit niemand die Tränen sah, die ihm über die Wangen rannen. Und jedes Mal wenn der Sänger schwieg, fuhr er sich mit dem Zipfel seines Gewandes über die Augen und führte den Becher zum Mund, um seine Rührung zu verbergen.

Nur der König Alkinoos bemerkte, wie traurig der Gast

war. Er hob die Tafel auf und gab das Zeichen für den Beginn der Wettspiele, die nun folgen sollten. Alle zogen hinab auf den Markt, wo das Volk schon versammelt war und das Schauspiel erwartete.

Eine Menge vornehmer Jünglinge nahm an den Wettkämpfen teil, darunter auch drei Söhne des Königs. Sie maßen sich im Wettlauf, im Ringkampf, im Weitsprung und im Wurf mit der Diskusscheibe.

Schließlich forderten die Jünglinge auch den Fremden auf, seine Kunst zu zeigen. War er nicht von hoher Gestalt, kraftvoll und sehnig? Wenn ihn auch der Kummer gezeichnet hatte, als Wettkämpfer konnte er gewiss mithalten.

Aber Odysseus stand der Sinn gar nicht danach. »Lasst mich aus dem Spiel«, sagte er. »Ich habe zu viel erlitten. Ich sehne mich nicht nach Kampf, sondern nur noch nach der Heimkehr in mein Vaterland!«

Da erwiderte Euryalos, einer der Wettkämpfer: »Dachte ich's mir doch, Fremder, du siehst nicht aus wie ein Kämpfer. Vielleicht warst du Seemann auf einem Kauffahrer oder, das glaube ich noch eher, Händler, um die Ladung besorgt und auf Gewinn aus, he? Ein Held bist du jedenfalls nicht!«

Odysseus maß den Jüngling mit einem verächtlichen Blick und sagte: »Das war kein gutes Wort, mein Junge, aber du weißt es wohl nicht besser. Die Gaben der Götter sind ungleich verteilt, hinter manch schöner Stirn wohnt ein armer Verstand. Als ich so alt war wie du, habe ich es im Wettkampf mit den Tüchtigsten aufgenommen. Aber Schlachten und Stürme, von denen du allenfalls geträumt hast, haben an mir gezehrt. Doch du hast mich herausgefordert – hier hast du meine Antwort!«

Er sprang auf, ergriff die schwerste Scheibe und warf sie, ohne auch nur den Mantel abzulegen, mit gewaltigem Schwung weit über den Platz. Tief duckten sich die Phäaken, als die Scheibe sausend über ihre Köpfe fuhr. Ein großes Stück weiter als die Wurfmale der Jünglinge flog der steinerne Diskus.

Odysseus lächelte und sagte: »Nun macht es mir nach, ihr Jungen. Und wenn es euch gelüstet, euch mit mir im Ringen zu messen oder im Faustkampf, mir soll es recht sein. Oder wie wär's mit dem Speer oder auch mit Pfeil und Bogen? Nur im Laufen, das glaub ich, bin ich zu schlagen, weil die lange Meerfahrt mir die Glieder hat steif werden lassen.«

Alle schwiegen beschämt. Nur der König sprach freundliche Worte. Der Sänger wurde geholt und die Jünglinge tanzten zur Leier kunstvolle Reigen und führten schöne Spiele vom Leben der Götter auf. Solche anmutigen Tänze hatte Odysseus noch nirgends gesehen, er lobte die Jungen und alle freuten sich daran.

Als die Sonne unterging, fand das Spiel auf dem Markt ein Ende. Die Jünglinge, die ihn zunächst geschmäht hatten, sammelten kostbare Geschenke für den edlen Fremdling und legten sie vor ihn hin.

Dann ging es zurück in den Palast. Dort sah Odysseus die schöne Nausikaa, grüßte sie freundlich und dankte ihr dafür, dass sie ihn als Erste im Land der Phäaken so freundlich aufgenommen hatte. Die Jungfrau errötete und sprach:

»Denke an mich, Fremder, wenn du wieder in deiner Heimat bist!«

Das versprach Odysseus gern. Dann wurde ein reiches Mahl zum Abend gehalten und auch der blinde Sänger saß wieder an seinem Platz. Die Diener zerteilten das Fleisch und füllten die Becher mit Wein.

Als alle gesättigt waren, wandte sich Odysseus an den Sänger und sagte: »Demodokos, groß ist deine Kunst. Du singst vom Kampf um Troja, als wärst du dabei gewesen. Nun sing uns auch noch vom hölzernen Pferd und der List des Odysseus, die Troja endlich zu Fall gebracht hat!«

Da hob der Sänger die Leier und sang von den Taten der Helden, wie die Griechen auf Schiffen wegfuhren und das hölzerne Pferd in die Stadt kam. Und wie nach dem Plan des Odysseus des Nachts aus dem Bauche des Pferdes die Helden über die Troer gekommen und Troja in Flammen aufging...

Nun konnte der Fremdling seinen Tränen nicht wehren, sie rannen ihm über die Wangen und er verbarg es nicht. Doch nur der König, der neben ihm saß, merkte es. Er hob die Hand und sagte:

»Hör auf mit dem Lied, Demodokos, nicht allen macht dein Gesang Freude! Unser Gast verzehrt sich in Kummer. Was können wir tun, ihn zu trösten? Wir wissen nicht einmal seinen Namen. Darum frage ich dich, Fremder: Wie heißt du und woher bist du gekommen?«

Odysseus erzählt

Ich bin Odysseus!

Einen Augenblick schwieg der Fremdling und sah vor sich nieder. Dann hob er die Hand und begann:

»Nein, edler König, niemand soll glauben, dass mir die Kunst des Sängers nicht gefiele! Schön hat er gesungen, an Stimme den Göttern vergleichbar. Nichts ist mir lieber als solch eine Runde an Tischen voll Brot und Fleisch, die Becher gefüllt mit Wein und die Gäste lauschen dem Sänger.

Aber was er gesungen hat, Freunde, war mein eigenes Leben! Ihr wollt meinen Namen erfahren. Nun gut, ich will ihn euch nennen. Dann werdet ihr meinen Kummer verstehen und ich will euch von meinen Leiden erzählen.

Ich bin Odysseus, der Sohn des Laertes. Vielen Menschen bin ich bekannt, mein Ruhm ist bis an den Himmel gestiegen. Aber ich habe auch vieles erduldet.

Ithaka ist meine Heimat, wo der waldreiche Berg Neritos sich erhebt. Ringsum liegen viele andere Inseln, Dulichion und Same und das grüne Zakynthos. Mag meine Heimat auch rau sein, ich kann mir kein schöneres Land vorstellen. Darum konnte mich weder der Zauber der Kirke noch die göttliche Nymphe Kalypso zurückhalten. Denn nichts ist süßer als das Vaterland.

Wohlan, hört nun die Geschichte meiner leidvollen Heimfahrt aus dem Troerland, die Zeus über mich verhängt hat. Von Troja weg trug mich der Wind mit meinen Gefährten und Schiffen nach Ismaros, der Stadt der Kikonen. Wir nahmen sie ein und erschlugen die Männer und teilten die Beute.

Statt eilig weiterzusegeln, wie ich es wollte, blieben meine Gefährten und prassten. Da wurde viel Wein getrunken, Schafe wurden geschlachtet und Rinder mit krummen Hörnern. Bis in die Nacht ging das Schmausen und Zechen.

Aber im Morgengrauen waren die Kikonen da. Mit ihren Freunden und Nachbarn fielen sie über uns her. Bis zum Mittag hielten wir uns, dann warfen sie uns ins Meer, dass wir mit Mühe die Schiffe erreichten und entkamen. Doch blieben von jedem Schiff sechs gute Männer tot zurück.

Kaum waren wir auf hoher See, da schickte Zeus einen Sturm. Er kam von Norden, zerriss unsere Segel und trieb uns vorbei an Kythera nach Süden, immer nach Süden. Anstatt um die Pelopsinsel herum nach Ithaka zu segeln, trieben wir weit hinaus ins Meer.

Neun Tage jagte uns der Nordwind, am zehnten Tage gelangten wir an ein Gestade. Es war das Land der Lotophagen, die sich von Pflanzen ernähren und die Lotosfrucht essen.

Hier gingen wir an Land, nahmen Wasser und schickten zwei Kundschafter mit einem Herold aus.

Die Lotophagen sind ein friedliches Volk, sie führen nichts Böses im Schilde. Aber sie gaben unseren Kundschaftern von der Lotosfrucht zu essen. Und wer von dieser honigsüßen Frucht isst, der vergisst alles und will nichts als bleiben und Lotos rupfen und denkt nicht mehr an Heimkehr.

Mit großer Mühe holte ich unsere Männer zurück, trieb sie unter Deck und band sie dort fest. Dann ließ ich Segel setzen, die Anker lichten und fuhr eilig weiter, ehe noch andere Gefährten von der Lotosfrucht aßen.

Bei den Kyklopen

Weiter ging nun die Fahrt, sie führte uns wieder nach Norden. Endlich sahen wir Land, ein weit hingestrecktes Gestade. Berge und Wälder waren zu sehen, davor eine große Bucht, in der eine kleine Insel lag. Sie schien unbewohnt, doch sahen wir zahlreiche Bergziegen.

Also legten wir dort an und machten Jagd auf die Ziegen und erlegten so viele, dass unsere zwölf Schiffe reichlich versorgt waren. Wir rasteten den Tag über am Ufer, taten uns gütlich an frischem Fleisch und tranken den roten Kikonenwein aus Ismaros.

Am andern Morgen wollte ich das gegenüberliegende Land erkunden. Es schien uns groß und fruchtbar und schön, aber kein Haus war zu sehen, kein Acker noch Weinberg zeugte von seinen Bewohnern. Ich wusste ja damals noch nicht, dass es das Land der Kyklopen war, riesiger, wilder Gesellen, die kein Gesetz kennen, keine Gemeinschaft. Sie hausen für sich in Höhlen und leben von Schafen und Ziegen, die auf den üppigen Bergwiesen weiden. Die ungefügen Kyklopen kennen weder Haus noch Stadt, weder Tempel noch Hafen. Sie säen nicht, sie ernten, was ihnen die freie Natur im Überfluss bietet.

Also nahm ich mein Schiff und seine Mannschaft, die Übrigen ließ ich zurück, und fuhr hinüber. Als wir landeten, sahen wir hinten am Strand, wo das Land anstieg, eine Höhle im Fels, von Lorbeergebüsch umgeben. Davor war ein Gehege aus Steinen und Holz errichtet, in dem eine große Zahl Schafe und Ziegen Platz fand. Jetzt war das Gatter leer, Herde und Hirt mochten wohl irgendwo landeinwärts auf der Weide sein.

Da ließ ich Schiff und Mannschaft zurück, wählte mir zwölf tüchtige Gefährten und zog los zu der Höhle. Einen Korb mit Verpflegung und einen Schlauch voll starkem Kikonenwein nahm ich mit. Vielleicht konnte ich den Bewohner der Höhle damit erfreuen.

Wir fanden die mächtige Höhle verlassen. Nur Mengen von Körben waren da, in denen große Käselaibe lagen, Kübel voll Molke und Bütten und Eimer zum Melken. Und in der Tiefe der Höhle fanden wir Pferche gedrängt voll von Lämmern und Zicklein.

Meinen Gefährten erschien das alles nicht geheuer. Sie beschworen mich, wir sollten so viel Käse, wie wir nur tragen könnten, und Lämmer und Zicklein nehmen und machen, dass wir wegkämen, ehe es zu spät sei.

Hätte ich nur auf sie gehört! Aber mich stach meine Neugier, zu gern wollte ich den Bewohner dieser Höhle kennen lernen. Auch zog ich es vor, sie mit einem Gastgeschenk und nicht mit Diebesgut zu verlassen. Also zündeten wir ein Feuer an, aßen ein wenig von dem Käse und warteten auf die Rückkehr des Hausherrn.

Endlich sahen wir ihn kommen und da war es zu spät. Er war ein Kerl wie ein Berg, auf der Schulter trug er eine riesige Last trockenen Holzes. Das warf er vor dem Eingang der Höhle zu Boden, dass die Erde dröhnte und wir uns vor Angst in den äußersten Winkel verkrochen.

Doch konnten wir sehen, wie er einen Teil der Herde in die Höhle hineintrieb, Widder und Böcke aber draußen im Gehege ließ. Dann kam er selbst herein und verschloss den Eingang mit einem ungeheuren Felsblock, den zwanzig vierrädrige Wagen nicht hätten wegschaffen können. Er hockte sich nieder, molk seine Schafe und Ziegen und füllte die Hälfte der Milch in Kummen, damit sie zu Käse gerannen, die andere Hälfte goss er in große Behälter, wohl um sie zu trinken.

Als er mit allem fertig war, machte er Feuer an. Und nun erst sahen wir ihn richtig; seine Riesengestalt, Beine wie alte Eichen und Hände so groß und stark, um mit Felsblöcken zu würfeln. Doch als ich das Auge sah, ein einziges funkelndes Auge mitten auf der Stirn, da wusste ich, wo wir waren: bei den Kyklopen! Und ein Schauder rann mir den Rücken hinab.

Als nun das Feuer höher brannte, erblickte er uns. Und mit dröhnender Stimme, die wie der Donner rollte und uns in die Glieder fuhr, fragte er: ›Fremde, was seid ihr für Leute? Kommt ihr über das Meer? Habt ihr Geschäfte im Sinn oder seid ihr etwa Seeräuber?‹

Da musste ich denn wohl antworten, sosehr mir auch die Angst in der Kehle saß. ›Seeräuber?‹, sagte ich. ›Nein, ganz gewiss nicht. Wir sind Griechen und kommen aus Troja, das wir erobert haben; kein Stein blieb da auf dem andern. Wir wollen heim, aber wir haben uns verirrt auf dem wilden Meer. Nun kommen wir zu dir und bitten dich um Schutz und Hilfe. Scheue die Götter, großer Mann, sie schützen die Schwachen, und Zeus straft jeden, der sie misshandelt!‹

Da lachte der Riese lauthals und rief mit polternder Stimme: ›Kindisch bist du, Fremder, hierher zu kommen und solche Worte zu reden. Meinst du, wir kümmern uns um die Götter und ihre Rache? Zeus! Was gilt uns der! Wir Kyklopen sind doch viel stärker! Nein, es liegt nur an mir, ob ich euch schone oder vernichte. Aber nun sag mir endlich, wo dein Schiff ist, mit dem du gekommen bist! Wo liegt es vor Anker, hier in der Nähe?‹

Ich merkte wohl, dass er mich aushorchen wollte, um uns ganz zu vernichten. Deshalb sagte ich: ›Ach, unser schönes Schiff! Poseidon hat es zerschlagen, gegen die Felsen geworfen, nicht weit von eurem Gestade. Wir sind die Einzigen, die davongekommen sind.‹

Darauf antwortete der Unhold gar nichts. Plötzlich sprang er auf, packte zwei meiner Gefährten und schlug sie wie junge Hunde mit dem Kopf gegen die Felswand, dass sie sofort tot waren. Dann fraß er sie auf mit Haut und Haar, schmatzend und Knochen knackend wie ein Berglöwe.

Wir schrien auf vor Entsetzen, hoben die Hände und flehten Zeus um Rettung an. Der Kyklop achtete gar nicht darauf, er soff drei Eimer Milch, rülpste und legte sich inmitten seiner Schafe zum Schlafen nieder.

Wie er so dalag und schnarchte, kam mir sogleich der Gedanke, ob ich ihm das Schwert in die Seite stoßen sollte, die er mir ungeschützt darbot. Aber schnell verwarf ich ihn wieder. Wer sollte denn den Felsblock vom Eingang wegwälzen? Wir wären in der Höhle elend umgekommen. Also ließen wir ihn schlafen und erwarteten angstvoll den Morgen.

Endlich, als es draußen dämmerte, erwachte der Unhold. Er erhob sich, machte Feuer an und fing an zu melken. Kaum war er damit fertig, da packte er abermals zwei meiner Gefährten und verschlang sie zum Frühstück. Uns stockte das Blut in den Adern.

Dann wälzte er den Felsblock vom Eingang, trieb seine Herde hinaus und verschloss die Höhle von außen mit einem noch größeren Stein. Wir hörten, wie er die Herde mit gellenden Pfiffen den Berg hinantrieb, und blieben in Todesängsten zurück. Wer würde der Nächste sein, den das Scheusal verschlang?

Ich aber grübelte vor mich hin. Unablässig sann ich auf Rache, wie ich es anstellen sollte, Vergeltung an dem Unhold zu üben. Endlich kam mir ein Gedanke, der mir nicht übel schien.

In der Höhle lag ein mächtiger Stamm von grünem Olivenholz, für den Riesen nicht mehr als ein kräftiger Knüppel, für uns so groß wie ein Schiffsmast. Davon hieb ich einen armdicken Span ab, zwei Klafter lang, einen stämmigen Pfahl. Den gab ich meinen Gefährten, sie sollten ihn glatt behauen. Dann spitzte ich ihn an, härtete die Spitze über der Flamme und verbarg ihn sorgfältig unter dem Mist.

Polyphems Blendung

Am Abend kam der grässliche Hirt mit seiner Herde zurück. Wieder wälzte er den Stein vom Eingang, trieb seine Schafe in die Höhle und verschloss sie dann sorgfältig. Diesmal ließ er kein Tier draußen, sei es aus Argwohn oder weil es ein Gott so fügte.

Und er molk seine Schafe, sonderte Käse und Milch, und als er damit fertig war, fraß er abermals zwei von uns.

Entsetzlich war dieser Anblick. Aber ich fasste mich, füllte eine Kanne mit unserm Wein und reichte sie ihm mit den Worten: ›Da, nimm, Kyklop, und koste! Solchen Wein hatten wir geladen, aber das Schiff ging verloren. So schmeckt der Wein, den die Menschen bauen und keltern – doch wer wird schon zu dir kommen, wenn du dich so grässlich aufführst!‹

Wortlos nahm der Kyklop die Kanne und leerte sie mit Behagen. Man sah ihm an, wie herrlich der starke Wein ihm mundete.

›Wahrhaftig‹, sagte er, beinahe ein wenig freundlich, ›der schmeckt besser als der Kyklopenwein! Gib mir noch einmal davon, und dann sag, wie du heißt. Ich will mir ein Gastgeschenk für dich überlegen.‹

Ich füllte ihm gerne die Kanne, noch dreimal trank er sie leer. Als ich merkte, dass seine Hand unsicher wurde und der Wein seine Sinne umnebelte, sagte ich:

›Meinen Namen willst du wissen, Kyklop? Ich habe einen seltsamen Namen: ‹Niemand› heiße ich. Alle Welt nennt mich Niemand. Vater und Mutter riefen mich so und alle meine Freunde kennen mich unter diesem Namen.‹

Darauf antwortete der Kyklop: ›Gut, Niemand, mir ist es recht. Und das soll mein Gastgeschenk sein: Den Niemand fress ich zuletzt … Niemand …‹

Er lallte noch ein wenig, dann sank er zu Boden und fiel in einen tiefen Schlaf. Laut schnarchte er in seinem Rausch.

Ich aber nahm den spitzen Pfahl und steckte ihn in die glimmende Asche. Als er glühte und Feuer fing, nahm ich ihn heraus. Dann winkte ich den Gefährten, zu vieren fassten wir den Pfahl und hoben ihn hoch in die Luft, bis über den Kopf des Riesen. Mit aller Kraft stießen wir ihn dem schlafenden Unhold ins Auge, sein einziges Auge, und drehten ihn, wie der Schiffszimmermann einen Balken anbohrt.

Brauen und Wimpern versengte die Glut. Dann zischte es, wie wenn glühendes Eisen in Wasser getaucht wird, das Auge brodelte und kochte.

Schrecklich brüllte der Riese los, fuhr hoch und riss sich den Pfahl aus der Wunde. Er schleuderte ihn weit von sich und tobte wie im Irrsinn. Wir hatten uns in den äußersten Winkel verzogen und hockten dort, zitternd vor Angst.

Und der Riese schrie und rief seine Freunde herbei, die Kyklopen, die ringsum im Gebirge wohnten. Schon hörten wir sie kommen, sie standen draußen vorm Eingang und riefen:

›He, was ist los, Polyphem? Was brüllst du uns aus dem Schlaf? Raubt dir einer die Herde? Will dich einer erschlagen mit List oder Gewalt?‹

Kläglich rief der Unhold: ›Niemand, Freunde, Niemand erschlägt mich mit List, nicht mit Gewalt!‹

Als das die Kyklopen hörten, sagten sie: ›Was willst du denn? Wenn dir niemand Gewalt antut, warum schreist du dann so? Du bist wohl krank? Dann soll dir doch dein Vater helfen, der Herr Poseidon!‹

So redeten sie und gingen davon. Mir aber lachte das Herz im Leibe, dass meine List geglückt war.

Der geblendete Riese tappte in seiner Höhle umher und winselte vor Schmerz. Er wälzte den Felsblock vom Eingang fort, hockte sich vor die Tür und tastete mit den Händen umher. Er wollte uns fangen, wenn wir etwa mit den Schafen aus der Höhle entwischen wollten. Gewiss hielt er mich für so einfältig, dass ich es so plump anfangen würde.

Ich aber hatte einen besseren Plan. Wir banden immer drei der stärksten Widder, die das dichteste Fell hatten, mit Weidenruten zusammen. Unter dem Bauch des mittleren banden wir einen der Gefährten fest, die beiden anderen Tiere schützten rechts und links die heimliche Fracht. Ich selbst wählte den Leithammel für mich, das stattlichste Tier der Herde, kroch unter seinen Bauch, griff tief in das zottige Fell und ließ mich von ihm tragen. Da wusste ich, der Plan war gut.

So erwarteten wir bangend den Morgen. Er kam, und der Unhold rief die Widder heraus auf die Weide, während sich die Mutterschafe blökend im Pferch drängten und mit prallen Eutern auf den Melker warteten.

Sorgfältig tastete Polyphem jeden Widder ab, der die Höhle verließ, aber in seiner Dummheit achtete er nur auf den Rücken. Bald waren meine Gefährten draußen.

Nun setzte sich auch mein Widder in Bewegung, schwer beladen mit Wolle, noch schwerer mit mir, der bange Gedanken hegte. Sein Herr erkannte ihn und sagte: ›Nun, Alter, so spät und so langsam? Du bist doch sonst immer der Erste! Du bist traurig, nicht wahr, dass dein Herr sein Auge verloren hat. Könntest du reden, du würdest mir sagen, wo sich der Niemand verkrochen hat mit seinen feigen Gesellen. Ich bringe ihn um! Er entkommt mir nicht, der Niemand!‹

Damit ließ er den Widder gehen und ich war ihm dennoch entkommen. Flugs ließ ich mich fallen, sprang auf die Füße und band meine Gefährten los. Wir trieben leise die Tiere zum Schiff und legten sogleich ab vom Ufer. Dann dankten wir den Göttern für unsere Rettung und beklagten die Toten.

Inzwischen waren wir eine Strecke weit vom Ufer entfernt und sahen den Kyklopen mit seiner Herde den Berg hinabsteigen. Da rief ich ihm vom hohen Achterdeck meines Schiffes zu:

›Hör mich an, Kyklop, dir ist recht geschehen, du Unhold, der seine Gäste frisst! Die Strafe der Götter hat dich getroffen!‹

Da ergrimmte der Riese, ergriff einen Felsblock und schleuderte ihn weit hinaus ins Meer. Und so gut war sein Wurf berechnet, dass der Felsen uns nur knapp verfehlte und eben über uns weg in die See schlug. Die gewaltige Woge, die er aufrührte, trug uns sogleich ans Ufer zurück. Wir wären gestrandet, hätte ich nicht mit einer langen Lanze das Schiff von den Klippen weggedrückt, bis die Ruderer sich mächtig ins Zeug legten.

Als wir wieder ein Stück weit draußen waren, rief ich ihn abermals an, obwohl die Gefährten mich flehentlich baten, den Wüterich nicht noch mehr zu reizen.

›Polyphem‹, rief ich laut über das Wasser, ›wenn man dich fragt, wer dich geblendet hat, so sage: Es war Odysseus, der Städtezerstörer, der Sohn des Laertes aus Ithaka!‹

›Weh mir!‹, heulte der Riese, ›so erfüllt sich doch das Orakel! Mir ist geweissagt worden, ich würde einst durch Odysseus mein Gesicht verlieren. Immer habe ich gewartet auf einen, der stärker wäre als ich. Und nun ist ein Wicht, ein Schwächling gekommen, ein Feigling, der mich mit Wein bezwungen und im Schlaf geblendet hat! Aber komm wieder, Odysseus, komm nur, ich will dich reichlich bewirten und meinen Vater Poseidon bitten, dass er dich sicher nach Hause geleitet. Auch wird er mich bald heilen, er und kein anderer unter den Göttern!‹

Wütend rief ich zurück: ›Das könnte dir wohl so passen,

dass ich freiwillig käme! Und nie kann Poseidon dich heilen, niemals!‹

Er aber hob die Hände zum Himmel und flehte zu seinem Vater, dem gewaltigen Herrscher der Meere: ›Höre, Poseidon, mein Vater, nie kehre Odysseus heim in sein Haus! Und wenn es dennoch geschieht, dann spät, im Unglück, von allen verlassen, arm und allein! Und daheim erwarte ihn Elend!‹ So betete er, und ich glaube, der finstere Gott hat ihn erhört.

Dann riss er die Kuppe eines Berges ab und schleuderte sie mit gewaltigem Schwung ins Meer. Fast hätte er unser Steuerruder getroffen. Doch der Fels schlug knapp hinter uns ein und diesmal trug uns die riesige Woge davon. Wir erreichten bald die Ziegeninsel, wo unsere Gefährten uns freudig empfingen. Dann feierten wir unsere Rettung und opferten Zeus den besten Widder. Aber der Gott hat das Opfer nicht angenommen, sondern uns ein schlimmes Geschick zugeteilt.

Davon wussten wir damals noch nichts. Wir gingen zur Ruhe und segelten anderntags weiter.

Die Winde des Aiolos

Bald darauf gelangten wir an eine Insel, die schwamm mitten im Meer. Dort wohnte Aiolos, ein Freund der Götter. Er nannte sechs treffliche Söhne sein Eigen und ebenso viele blühende Töchter. Sein Haus war fest gebaut und voll von Schätzen und gastfrei. Er bewirtete uns einen vollen Monat lang, und ich musste ihm von Troja erzählen, vom Kampf der Helden und vom hölzernen Pferd.

Als wir Abschied nahmen und ich ihn bat, unsere Heimfahrt zu erleichtern, gab er mir als Gastgeschenk einen großen Schlauch aus der Haut eines mächtigen Stieres. Darin waren alle Winde eingeschlossen. Denn Aiolos war von Zeus zum Verwalter der Winde bestellt worden und hatte Gewalt über Stille und Sturm. Mit einem silbernen Seil band er selbst den Schlauch zu, sodass auch nicht der kleinste Hauch herauskonnte.

Natürlich behielt er selbst noch Winde genug. Das zeigte sich sogleich, als er einen sanften, stetigen Wind wehen ließ, der uns schnell in die Heimat bringen sollte.

Neun Tage und neun Nächte waren wir schon gesegelt, und die Heimat war so nahe, dass wir die Wachfeuer von Ithaka sehen konnten. Da muss mich müden Mann wohl der Schlaf bezwungen haben; denn ich hatte die ganze Zeit das Steuer geführt, um sicher ans Ziel zu gelangen.

Während ich schlief, stach meine Männer der Hafer. Schon immer hatten sie mir meine reiche Beute geneidet. Nun glaubten sie gar, in dem Schlauch des Aiolos wäre wer weiß wie viel Gold und Silber. Und ein ganz besonders Neidischer sagte:

›Ein feiner Herr, dieser Odysseus. Alle Welt achtet ihn hoch. Kein Wunder – was hat er allein von Troja an Beute mitgebracht und wir kehren heim mit leeren Händen! Nun hat zu allem Überfluss auch noch Aiolos ihm diesen riesigen Sack mitgegeben. Was soll drin sein, was sonst als Silber und Gold! Wenn ihr's nicht glaubt, dann guckt doch hinein. Ihr werdet's ja sehen!‹

So sprach der Kerl, man hat es mir später berichtet. Und die Narren fielen drauf rein und lösten das Band des Schlauches. Kaum war dies geschehen, da brausten alle Winde auf einmal daraus hervor, und der Sturm fegte unsere Schiffe wieder hinaus auf die See.

Ich erwachte sogleich von dem Toben. Und als ich sah, was geschehen war, packte mich die Verzweiflung. Am liebsten wäre ich über Bord gesprungen. Aber ich fasste mich und nahm die Folgen auf mich.

Die wütenden Winde warfen uns bis an die Insel des Aiolos zurück. Ich ließ meine Männer im Hafen und eilte hinauf in den Palast des Fürsten.

Aiolos saß gerade mit seinen Söhnen und Töchtern beim Mittagsmahl. Als er erfuhr, welches Missgeschick uns befallen hatte, und ich ihn bat, uns erneut mit seiner Güte zu helfen, rief er zornig: ›Unseliger Mann, geh mir aus dem Haus! Dich wollen die Götter vernichten!‹

Er jagte mich davon und wir fuhren schweren Herzens weiter.

Die Insel der Menschenfresser

Sechs lange Tage vergingen und nirgends zeigte sich Land. Endlich am siebten Tage kam eine Küste in Sicht. Wir fanden eine geschützte Bucht, die von drei Seiten von Bergen umgeben war und trefflich zum Ankern geeignet. Ich selbst legte mit meinem Schiff an der Steilküste an, vertäute es und erstieg das felsige Ufer. Die übrigen Schiffe ankerten mitten in der Bucht.

Doch wohin ich auch blickte, ich sah weder Äcker noch Menschen, noch Vieh auf der Weide. Nur in der Ferne, weit hinter dem Wald, stieg allerlei Rauch auf, als läge dort eine große Stadt.

Da sandte ich zwei tüchtige Gefährten mit einem Herold aus, die sollten erkunden, was für ein Land es sei und wem es gehöre. Sie gingen hinauf durch den Wald, immer dem Rauch entgegen. Bald fanden sie einen Weg und sahen die Zinnen von Türmen hoch in den Himmel ragen und erkannten eine hoch gebaute Stadt.

Als sie dann näher kamen, erblickten sie von weitem ein Mädchen, das Wasser aus einem Brunnen schöpfte. Es blieb ruhig stehen und erwartete die Männer ganz ohne Furcht; denn es war groß wie ein Riese.

Freundlich gab es Auskunft und sagte: ›Dies ist das Land der Laistrygonen. Der König Antiphates regiert hier, ich bin seine Tochter. Dort liegt sein Palast.‹ Und sie wies auf ein hohes Gebäude, dessen Dach an die Wolken stieß.

Sie folgten dem Mädchen, gelangten in die Stadt und vor den Palast des Königs. Doch wie erschraken sie, als ihnen des Königs Frau entgegentrat, groß wie ein Turm! Die aber rief nach dem Gatten, dem König Antiphates. Der war noch größer als sie, polternd kam er herbei und packte sogleich einen der Männer im Genick. Er hob ihn hoch und warf ihn seiner Frau zu, sie sollte ihn zum Abendbrot zubereiten! Denn die Laistrygonen sind riesige Menschenfresser.

Wie der Wind rannten die beiden andern Gefährten davon und flohen entsetzt zurück zu den Schiffen. Hinter ihnen rollte wie Donner die Stimme des Königs, der seine Riesen aufrief, sie zu verfolgen. Und schon dröhnte die Erde von den Schritten der Laistrygonen.

Kaum waren die beiden Gefährten am Schiff angelangt und an Bord gesprungen, da erschienen die Riesen auf den Höhen rings um die Bucht. Sie sahen die ankernden Schiffe und schleuderten große Steine von allen drei Seiten herunter. Krachend zerbarsten die Schiffe, und die nicht getroffen wurden, kenterten von den haushohen Wogen. Die Männer stürzten ins Wasser. Wer nicht von Steinen zerschmettert wurde, ertrank in der Flut.

Schrecklich hallten die Schreie der Sterbenden von den Felswänden wider, oben brüllten die Riesen, unten schäumte die Flut.

Nur mein eigenes Schiff, das hart an der Felswand vertäut war, blieb unversehrt. Denn die Steine flogen weit über uns weg in das Innere der Bucht.

Da zog ich mein Schwert, kappte die Haltetaue und mit äußerster Kraft ruderten wir im Schutze der hohen Wand hinaus aufs offene Meer. Mit langen Stangen fischten wir an Gefährten auf, so viele wir konnten. Alle Übrigen waren verloren, Schiffe und Männer dahin. Ein einziges Schiff war geblieben!

Die Zauberin Kirke

Wir drängten uns alle auf einem Schiff, doch waren wir froh, dem Tode entronnen zu sein. Weiter segelten wir, bis wir an eine einsam gelegene Insel kamen. Sie hieß Aiaia und die Halbgöttin Kirke wohnte dort, eine Tochter des Helios. Sie war von großer Schönheit und zauberkundig.

Doch davon wussten wir nichts. Wir liefen in eine Bucht ein, gingen an Land und schliefen erst einmal aus nach all den Mühen und Schrecken.

Am andern Morgen nahm ich meine Waffen und ging los, das Land zu erkunden. Als ich über eine Anhöhe kam, sah ich in der Ferne Rauch aufsteigen. Durch böse Erfahrungen gewarnt, kehrte ich um und wollte zunächst Kundschafter aussenden. Auf dem Rückweg sandte mir einer der Götter einen stattlichen Hirsch, der zur Tränke ans Flussufer abstieg. Ganz nahe schritt er an mir vorüber und bemerkte mich nicht. Ich warf den Speer und traf ihn ins Rückgrat, er stürzte tot zu Boden. Dann lud ich ihn mir auf die Schultern und brachte ihn den Gefährten. Da war die Freude groß, denn wir litten seit Tagen Mangel an Nahrung. Es gab eine reichliche Mahlzeit, dazu tranken wir starken Kikonenwein und allen war wohl.

Nun erzählte ich von dem Rauch, den ich gesehen hatte, und sagte, wir sollten Späher entsenden. Aber sogleich sank allen der Mut, sie dachten an den Kyklopen und an die Laistrygonen und all das Unheil, das nur aus unserer Neugier entstanden sei.

Aber ich gab nicht nach und teilte die Gefährten in zwei Gruppen ein, die eine führte ich selbst, die andere Eurylochos. Dann losten wir beide, wer mit seiner Gruppe die Erkundung durchführen solle. Das Los traf Eurylochos, und seufzend folgten ihm seine zweiundzwanzig Gefährten landeinwärts in der Richtung, wo ich den Rauch gesehen hatte.

Lange hörten wir nichts. Erst nach Stunden, als schon die Schatten länger wurden, kam Eurylochos zurück – allein. Er war ganz verstört und konnte zuerst kaum sprechen. Aber dann fasste er sich und erzählte, was geschehen war.

Eurylochos war mit seiner Gruppe dem Rauch nachgegangen und an einen herrlichen Palast gelangt, der in einem anmutigen Tal versteckt lag. Als sie näher kamen, erkannten sie zu ihrem Schrecken Wölfe mit scharfem Gebiss und Löwen mit zottigen Mähnen, die auf dem Hof herumliefen. Im ersten Augenblick wollten sie fliehen, aber die Tiere umringten sie, wedelten mit dem Schwanz und strichen ihnen um die Beine wie Hunde ihrem Herrn.

›Jetzt weiß ich, was das war‹, fügte Eurylochos hinzu, ›es sind verzauberte Menschen! Aber das ahnten wir nicht.‹

Sie gingen durchs Tor des Palastes. Drinnen sang eine Frau mit wunderbarer Stimme. Sie saß am Webstuhl und wirkte an einem kostbaren Gewand und sie war sehr schön. Als sie die Gefährten bemerkte, erhob sie sich, kam ihnen entgegen und bat sie herein; sie wolle sie freundlich bewirten.

Eurylochos war das alles nicht geheuer – die Tiere im Hof, dieser Palast und die Einladung an ganz Fremde. Er riet den Gefährten, lieber gleich mit ihm umzukehren. Aber das wollten sie nicht, sondern gingen hinein. Eurylochos drückte sich still an die Seite, schlüpfte hinaus und verbarg sich neben dem Tor im Gebüsch. Doch konnte er durch ein Fenster in den Saal gucken.

Da sah er die Gefährten am Tisch sitzen, Käse, Mehl und Honig wurden aufgetragen, dazu Wein. Und die schöne Frau knetete einen Teig und teilte ihn aus und er schien ihnen allen zu munden.

Doch plötzlich, wer beschreibt sein Entsetzen, sieht er die Frau umhergehen, sie schlägt jeden mit einer Rute. Und sogleich wächst allen der Mund zum Rüssel, Borsten stechen hervor, ein Ringelschwanz und vier Beine und die Freunde sind sämtlich verwandelt, verzaubert in Schweine! Und sie treibt sie hinaus in den Stall.

Eurylochos konnte noch sehen, wie sie weinten. Dann lief er fort und lief, wie er nur konnte, zurück zu uns.

Als er seine Erzählung beendet hatte, stand ich auf, gürtete mein Schwert um, hängte mir den Bogen über die Schulter und befahl ihm, mich augenblicklich zu diesem Palast zu führen. Denn ich wollte lieber untergehen, als dies ungesühnt lassen. Aber er flehte mich an, ja dazubleiben und ihn zu schonen. Da ging ich allein.

Als ich den größten Teil des Weges schon hinter mir hatte, trat mir plötzlich ein anmutiger junger Mann entgegen. Ich sah den goldenen Stab in seiner Hand und erkannte den Götterboten Hermes. Er sagte:

›Was irrst du hier in dem fremden Gebirge herum und kennst weder Weg noch Steg! Weißt du denn nicht, dass die Zauberin Kirke hier wohnt? Sie hat deine Gefährten in Schweine verwandelt und sie in den Stall gesperrt. Wie, du willst sie befreien? Da wird es dir auch so ergehen! Aber ich will dir ein Mittel geben, das dich vor dem Zauber der Kirke schützt. Hier, nimm dieses Kraut‹, und er grub eine schwarze Wurzel mit schneeweißer Blüte aus der Erde und gab sie mir, ›es wird dir helfen gegen die Zaubersäfte, die sie unter die Speisen mischt. Doch hör gut zu, Odysseus: Sobald sie dich mit ihrer Rute schlägt, zieh dein Schwert und tu so, als ob du sie töten wolltest. Lass sie einen heiligen Eid schwören, dass sie dir nichts Böses antut. Dann kannst du ruhig bei ihr bleiben und sie wird dir deine Gefährten zurückgeben.‹

Kaum hatte der Gott ausgesprochen, da erhob er sich über Wald und Insel und kehrte in den Olymp zurück.

Ich ging weiter, Unruhe im Herzen, kam an Kirkes Palast und rief ihren Namen. Sie öffnete selbst und hieß mich freundlich willkommen. Dann führte sie mich in den Saal, ich musste in einem üppigen Sessel Platz nehmen und sie bereitete sogleich ihre Zaubermahlzeit in einer goldenen Schüssel.

Klopfenden Herzens aß ich davon, als wüsste ich nichts, hielt aber die schwarze Wurzel in der Hand. Als sie nun glaubte, ich hätte genug von ihrem Zaubermittel genossen, schlug sie mich mit der Rute und sagte: ›Fort mit dir in den Schweinestall zu deinen Gefährten!‹

Ich aber sprang auf, zog mein Schwert und drang auf sie ein, als wollte ich sie töten. Da schrie sie laut auf, warf sich vor mir nieder, umfasste meine Knie und rief:

›Weh mir! Wer bist du, und woher kommst du, dass du meinen Zauber brichst? Das hat noch nie ein Sterblicher vermocht. Wahrhaftig, du musst Odysseus sein, der Vielgewandte, von dem mir Hermes einst geweissagt hat, er werde kommen, wenn Troja gefallen sei! Aber lass dein Schwert ruhen, wir wollen Freunde sein!‹

Ich ließ sie schwören, dass sie nichts Böses mehr gegen mich im Schilde führen und meine Gefährten freigeben wolle. Sie schwor einen heiligen Eid und ich überließ mich sorglos der Nachtruhe.

Am andern Morgen richteten ihre Dienerinnen mir ein Bad, salbten mich mit duftendem Öl und trugen ein köstliches Frühstück auf. Doch ich rührte keinen Bissen an, und als sie mich fragte, warum, antwortete ich:

›Wie kannst du glauben, dass ich's mir hier wohl sein lasse, während meine Gefährten schimpflich gefangen sind! Gib sie frei, dann kann ich deine Gastfreundschaft annehmen.‹

Kirke stand auf und winkte mir, ihr zu folgen. Sie ging an den Schweinestall, öffnete ihn und ließ die Armen heraus, die sogleich als ausgewachsene Schweine um mich herumwimmelten. Dann klatschte die Zauberin in die Hände, die Gefährten stellten sich in zwei Reihen einander gegenüber auf. Sie ging zwischen ihnen hindurch und bestrich einen jeden mit einer Salbe. Und siehe, da fiel die borstige Hülle von jedem ab und sie waren wieder Männer, nur schöner und jünger als zuvor. Das kam von dem Zauber der Kirke.

Freudig begrüßten sie mich und reichten mir die Hände.

Kirke bewirtete uns alle reich und bat uns, das Schiff an Land zu ziehen und ihre Gäste zu sein, so lange wir wollten. Und wir gingen zum Schiff und sprachen mit unsern Gefährten und nahmen die Einladung an. Denn wir hatten viel erduldet und konnten Erholung gebrauchen.

Und das Quartier war so schön, dass wir ein Jahr dort verbrachten, ein ganzes Jahr in Wohlleben und Überfluss. Doch dann mahnten mich die Gefährten, endlich zur Heimfahrt zu rüsten. Ich ging zu Kirke und bat sie, mich mit meinen Freunden freizugeben und in die Heimat zu senden. Denn uns alle plagte das Heimweh, die meisten hatten Frauen und Kinder zu Haus, nach denen sie sich sehnten.

Sie blickte mich traurig an, weil wir nicht bleiben wollten, doch dann antwortete sie freundlich:

›Gewiss, Odysseus, ich will euch nicht gegen euren Willen hier festhalten. Doch bevor ihr heimkehrt, habt ihr noch einen anderen Weg zu machen: in das Reich des Hades und der Persephone. Ja, ihr sollt das Schattenreich besuchen und dort die Seele des blinden Sehers Teiresias befragen, des thebanischen Propheten. Ihm hat Persephone die Sehergabe gelassen, deshalb kann er dir die Zukunft voraussagen.‹

Aber davon wollte ich gar nichts wissen. Mir graute vor dem Reich der Toten, und ich wusste wohl, dass es von dort keine Rückkehr gibt.

Doch die Göttin erwiderte: ›Hab keine Angst, Sohn des Laertes, es wird dir kein Unheil geschehen. Segele nur mit dem Nord, er wird dich schon richtig geleiten. Dann kommst du an den großen Okeanos, der die Erde an ihrem Rande umfließt. Dort lande an einem niedrigen Ufer, an dem viele Weiden, Pappeln und Erlen stehen. Dies ist der Hain der Persephone und dort ist der Eingang zur Unterwelt.

Hier legst du an und gehst an Land. Dann kommst du bald an zwei Ströme, die in den Acheron münden. Zwischen beiden ragt ein Fels, in dessen Mitte ein Spalt hinabführt ins Reich der Schatten. Dort grabe eine Grube und opfere den toten Seelen Honig, Milch und Wein, auch Wasser und Mehl, und gelobe ihnen Schlachtopfer, sobald du heimkommst nach Ithaka. Danach opfere zwei Lämmer, ein schwarzes und ein weißes, und richte den Blick in die Tiefe.

Nun werden sie kommen, die Schatten. Sie riechen das Blut und wollen es trinken. Aber du wehre ihnen mit dem Schwert, und lass sie nicht näher kommen, bevor du Teiresias befragt hast. Auch der wird bald dort erscheinen. Dann frage ihn nach dem Heimweg über das endlose Meer!‹

Mir war meine Angst vergangen. Zwar jammerten meine Gefährten, als ich ihnen erzählte, was uns bevorstand. Ich aber rief sie zum Aufbruch und ließ das Schiff beladen. Denn Kirke versorgte uns mit allem. Dann setzten wir Segel, winkten der Göttin zum Abschied und fuhren hinaus auf die hohe See.

Am Tor zur Unterwelt

Die Sonne tauchte ins Meer, als wir vor raschem Winde ans Ende der Welt gelangten. Dort liegt das Land der Kimmerier, immer in Dunst und Wolken, niemals scheint da die Sonne. Und wir fanden den Hain der Persephone und im Felsen den Spalt, der zur Unterwelt führt.

Ganz wie es Kirke beschrieben, brachten wir nun unser Opfer. Kaum rauchte das Blut der Opfertiere und floss in die Grube, da tauchten die ersten Schatten auf. Die Seelen der Toten kamen empor, sie witterten das Opferblut und drängten heran, Männer und Frauen, Kinder und Greise. Helden mit klaffenden Wunden sah man und hörte ihr Stöhnen. Flatternd kamen sie näher und kreisten um unsere Grube. Aber ich wehrte sie ab mit dem Schwert.

Nun erschien, einen goldenen Stab in der Hand, die Seele des blinden Sehers Teiresias. Er erkannte mich gleich und sagte: ›Sohn des Laertes, was führt dich hierher in das finstere Reich der Toten? Steck dein Schwert in die Scheide, und lass mich vom Opferblut trinken, damit ich dir dein Schicksal weissagen kann.‹

Und als er getrunken hatte, mit langen, durstigen Zügen, sprach er: ›Du fragst, Odysseus, nach deiner Heimkehr. Aber ein Gott wird sie dir schwer machen, der mächtige Poseidon, weil du seinen Sohn Polyphem geblendet hast. Ihm kannst du nicht entgehen. Dennoch wird dir die Heimfahrt schließlich nicht verwehrt bleiben – wenn ihr die Rinder des Sonnengottes unversehrt lasst! Ihr werdet sie auf der Insel Thrinakia finden. Und ob auch der Hunger euch quält, dürft ihr sie nicht verletzen, sonst droht euch allen Verderben. Tut ihr es doch, dann wehe! Wehe euch allen! Zwar wirst du selbst, Odysseus, einst in die Heimat gelangen, doch spät, einsam, auf einem fremden Schiff. Und daheim findest du Elend!‹

So sprach der blinde Seher und ich dankte ihm für seine Worte. Dann fragte ich ihn, ob ich noch mit anderen Seelen Verstorbener sprechen könne und wie ich es anfangen müsse. Er sagte: ›Lass sie nur vom Opferblut trinken, dann werden sie reden wie Lebende und dir die Wahrheit erzählen.‹

Gleich darauf erblickte ich die Seele meine Mutter. Sie flatterte herbei und ich ließ sie vom Opferblut trinken. Da erkannte sie mich, und ich fragte sie nach meiner Frau Penelope und wie es daheim in Ithaka aussehe.

Sie erwiderte: ›Deine Gattin hält dir die Treue, Tag und Nacht, oft weint sie um dich. Und dein Amt hat kein anderer inne, Telemach, dein Sohn, verwaltet dein Gut und wartet auf deine Heimkehr. Doch dein Vater Laertes hat sich aus Kummer um dich ganz zurückgezogen, arm und einsam lebt er in einer Hütte. Und ich selbst bin aus Gram über dein Fernbleiben gestorben.‹

Als ich sie nun in die Arme schließen wollte, verging sie wie Rauch im Wind. Und ich sah noch viele edle Frauen, Gattinnen großer Helden, sie tranken vom Blut und erzählten mir ihre Geschicke.

Doch nun kam einer, dessen Anblick mich erschütterte: der Völkerfürst Agamemnon, der sein ungetreues Weib hatte ermorden lassen. Er klagte mir sein trauriges Los und warnte mich vor der Falschheit der Weiber.

Und ich sah die Seelen des großen Achill und seines Freundes Patroklos. Doch als ich den Peliden pries um der

Ehre willen, die er im Leben genossen und im Totenreich gewiss ebenso erfahre, sagte er bitter: ›Lieber wollte ich als armer Tagelöhner das Feld bestellen und leben, als hier über das unermessliche Reich der Toten zu herrschen!‹

Viele Seelen von Helden kamen noch und sprachen mit mir, nachdem sie vom Blut getrunken hatten. Nur einen sah ich grollend beiseite stehen, den Schatten des großen Ajax. ›Warum, Sohn des Telamon‹, redete ich ihn an, ›zürnst du mir noch nach dem Tode? Kannst du denn gar nicht vergessen, dass mir die Rüstung Achills zugesprochen wurde und nicht dir? Dabei hat sie ihren Trägern stets nur Unheil gebracht. Und dein schlimmes Geschick hat keiner von uns verschuldet – Zeus hat es über dich verhängt. Komm, Ajax, reich mir die Hand zur Versöhnung!‹ Aber der tote Held trat nur stumm zurück in das Dunkel.

Nun sah ich hinter den vielen auch die Schatten der Alten. Längst verstorbene Helden wogten im Zwielicht und Dunst. Tantalos sah ich, den erdgeborenen Sohn des Zeus. Er stand bis zum Kinn im Wasser und litt Durst, ewigen Durst. Wollte er trinken, dann wich das Wasser zurück. Immerfort litt er auch Hunger. Über ihn neigten sich Äste, schwer mit Früchten beladen; aber wenn er danach griff, wichen die Äste zurück. So leidet Tantalos ewige Qual.

Sisyphos sah ich sich mühen. Er wälzte einen großen Stein den Berg hinauf. Doch immer wenn er den Gipfel des Berges fast erreicht hatte, entglitt ihm der Fels und rollte wieder hinab. Ewig muss Sisyphos seine Arbeit von neuem beginnen und kann sie niemals vollenden.

Als ich dies sah, beschlich mich plötzlich die Furcht, es könnte vielleicht die Gorgo mir ihr Medusenhaupt entgegenstrecken. Ich winkte meinen Gefährten, wir verließen eilig den Felsspalt und gingen zurück zum Schiff. Schleunigst setzten wir Segel und fuhren hinaus aufs Meer.

Der Gesang der Sirenen

Noch einmal legten wir an der Insel der Kirke an, und die zauberkundige Göttin bewirtete uns und ließ sich erzählen, was wir am Eingang zur Unterwelt erlebt hatten, und gab uns reichlich Verpflegung mit auf die Reise. Auch warnte sie mich ausdrücklich vor großen Gefahren, die uns begegnen würden. Besonders vor den Sirenen und vor den Ungeheuern Skylla und Charybdis, die uns Verderben brächten. Auch sprach sie von den Rindern ihres Vaters Helios, an denen wir uns nicht vergreifen dürften.

Wir blieben zur Nacht, und als die Morgenröte über dem Meer aufstieg, fuhren wir ab. Vom Berg herab winkte die Göttin, wir grüßten dankbar zurück.

Lange segelten wir vor gutem Wind, bis endlich die Insel der Sirenen vor uns auftauchte. Doch als wir näher kamen, flaute der Wind plötzlich ab und schlief bald gänzlich ein. Da sprach ich zu den Gefährten: ›Hört, was mir Kirke gesagt hat. Auf der Insel dort hausen Sirenen, Nymphen mit schöner Stimme, die jeden mit ihrem Gesang betören. Wer sich verlocken lässt und ihr Gestade betritt, ist verloren. Das Ufer liegt voller Gebeine von Männern, die sie verzaubert haben. Sie bleichen in Sonne und Wind. Darum, Freunde, stopft euch die Ohren voll Wachs, dann könnt ihr die Stimmen nicht hören und rudert schnell vorbei. Mich aber bindet fest an den Mast, und je sehnlicher ich euch bitte, die Fesseln zu lösen, desto fester zieht sie!‹

Sie stopften sich Wachs in die Ohren und banden mich aufrecht am Mast fest; denn mich trieb meine Neugier, den Gesang der Sirenen zu hören. Dann ergriffen sie die Ruder und legten sich mächtig ins Zeug.

So näherten wir uns dem Gestade und sahen auch schon die Sirenen: Sie standen als reizende Jungfrauen am Ufer und stimmten mit glockenhellen Stimmen ihren Gesang an. Und das Lied war von solcher Süße, es klang immer: ›Komm doch, Odysseus‹, mich ergriff ein solches Verlangen, dass ich ganz von Sinnen war. Wäre ich nicht angebunden gewesen, ich hätte mich ins Meer gestürzt und wäre hinübergeschwommen.

Ich bettelte, flehte, befahl den Gefährten, meine Fesseln zu lösen. Doch Eurylochos und Perimedes, zwei wackere Unterführer, prüften den Sitz der Bande und zogen sie nur noch fester. Sie selbst freilich hörten ja nichts!

So fuhr unser Schiff vorbei. Ich hatte mich wie rasend gebärdet, aber je ferner die Insel rückte, umso mehr kam ich zur Besinnung. Endlich, als die Gefahr vorüber war, banden sie mich los, und ich dankte ihnen für ihre Festigkeit.

Skylla und Charybdis

Kurz darauf sah ich in der Ferne Nebel wallen und den Gischt einer großen Brandung und bald hörten wir ihr Donnern. Den Gefährten sank der Mut, sie hörten mit Rudern auf. Aber ich spornte sie an, sagte, wir hätten schon schlimmere Gefahren bestanden, sie sollten nur eifrig rudern und von dem Strudel dort weghalten, dann kämen wir an Charybdis vorbei. Doch von der Skylla, dem gegenüber lauernden Ungeheuer, sagte ich nichts.

Zur Rechten sahen wir jetzt den dunklen Felsen, in dem die Charybdis haust. Dreimal am Tag saugt sie das Meer in ihren furchtbaren Schlund, dreimal speit sie es wieder aus. Das Schiff, das in diesen gewaltigen Strudel gerät, ist verloren.

Aber zur Linken lag irgendwo, im Gischt und im Nebel verborgen, der Felsen der Skylla. In einer Höhle tief unter dem Wasser haust dieses Ungeheuer. Sechs riesige Schlangenhälse tragen sechs schreckliche Köpfe, einem gewaltigen Kraken vergleichbar. Die Skylla nährt sich von Seehunden und Delfinen. Noch nie, sagt man, ist ein Schiff an ihr vorübergekommen …

Alle blickten gebannt nach rechts, wo der Schlund der Charybdis schäumte und mit unwiderstehlichem Sog unser Schiff anzog. Die Ruder peitschten das Wasser, der Steuermann lenkte mit aller Kraft nach links – schon durften wir hoffen zu entrinnen … da schossen plötzlich zur Linken sechs schwarze Häupter aus dem Dunst hervor, fuhren auf uns hernieder, Schreie gellten auf, und schon zappelten sechs wackre Gefährten in den Fängen des Untiers, der Skylla, der wir zu nahe gekommen waren!

Entsetzen nahm uns den Atem. Wir konnten nichts tun, sie zu retten. Hilflos mussten wir zusehen, wie sie in den Fluten verschwanden. Ich habe manches Schlimme gesehen auf meiner Irrfahrt – dies war das Schlimmste!

Es war wie ein Opfer, das wir bringen mussten. Denn nun waren wir zwischen Skylla und Charybdis hindurch. Aufatmend setzten wir Segel und gingen an den Wind, voll Trauer um die Gefährten.

Die Rinder des Sonnengottes

Es dauerte nicht lange, da sahen wir die Insel Thrinakia vor uns im Sonnenglanz liegen. Schon von weitem hörten wir die heiligen Rinder des Sonnengottes brüllen und seine Schafe blöken.

Ich hatte zu viel Unglück erlebt, um nicht sogleich an die Warnung des blinden Sehers in der Unterwelt zu denken. Auch Kirke hatte mich ja ermahnt, die heiligen Tiere unangetastet zu lassen. Deshalb sagte ich meinen Gefährten, wir wollten die Insel, von der uns doch nur Unheil drohe, meiden und weitersegeln.

Aber da kam ich schlecht an. Alle waren empört und selbst Eurylochos lehnte sich auf und rief: ›Das ist doch grausam, Odysseus! Willst du uns, erschöpft und übermüdet wie wir sind, im Ernst verwehren, an Land zu gehen und uns auszuruhen und zu stärken? Sollen wir etwa in die Finsternis hinausfahren über ein wildes und unbekanntes Meer? Lass uns wenigstens diese eine Nacht am Ufer verbringen, das sich so einladend zeigt!‹

Es war, als hätte ein Gott unser Verderben beschlossen. Was sollte ich tun, allein gegen alle? Also gab ich nach, ließ sie jedoch einen heiligen Eid schwören, dass sie kein Rind oder auch nur ein Schaf anrühren würden.

Sie schworen den Eid, wir liefen in eine Bucht ein und gingen an Land. Bald war das Nachtmahl bereitet und schnell verzehrt. Wir gedachten der Toten und fielen in einen bleiernen Schlaf.

Die Nacht war noch nicht vorüber, da sandte Zeus einen schweren Sturm. Als die Morgenröte erschien, brachten wir unser Schiff in einer geschützten Grotte in Sicherheit. Und das war gut so. Denn von diesem Tage an wehte ein scharfer Südwind, der unserer Heimfahrt entgegenstand. Er wehte einen vollen Monat lang. Es war wie verhext.

Solange der Proviant, den uns Kirke gegeben hatte, noch reichte, litten wir keine Not. Aber allmählich meldete sich der Hunger. Wir versuchten, uns mit Fischen und Vogelfang darüber hinwegzuhelfen, aber die Fischgründe waren mager und die wenigen Vögel verzogen sich schnell.

Als die Not immer größer wurde, ging ich weit den Strand entlang, um zu suchen, ob sich ein Ausweg finden ließe. Schließlich warf ich mich in der Einsamkeit auf die Knie, reckte die Hände zum Himmel empor und flehte die Götter um Rettung an. Und sie schickten mir einen wohltuenden Schlaf.

In meiner Abwesenheit gewann Eurylochos Einfluss auf die Gefährten. Unablässig redete er auf sie ein, um sie zum Ungehorsam gegen mich zu bewegen.

›Jeder Tod ist schlimm für den Menschen‹, sagte er, ›aber das Schrecklichste ist doch der Hungertod! Was gibt es da lange zu bedenken – auf, lasst uns die schönsten Rinder des Helios den Göttern opfern! Ihnen das Blut und die Eingeweide, unser das Fleisch. Endlich wieder einmal satt sein! Sind wir erst einmal zu Hause in Ithaka, dann werden wir den Gott schon versöhnen. Wir wollen ihm einen herrlichen Tempel bauen und ihn mit Geschenken füllen.

Sollte er uns aber wirklich im jähen Zorn einen Sturm schicken und unser Schiff in den Grund bohren – nun, ich will lieber im Handumdrehen ertrinken, als hier auf dieser Insel langsam verschmachten!‹

Die Rede gefiel meinen hungrigen Gefährten. Sie trieben die besten Rinder zusammen, die in der Nähe weideten, und schlachteten sie. Das Opfer für die Götter war kurz – Wein war ohnehin nicht mehr da –, aber das Mahl war lang. Der Dunst des gebratenen Fleisches wehte über die ganze Insel.

Er stieg auch mir in die Nase. Ich erwachte, fuhr auf und wusste im selben Augenblick, was geschehen war. Unseliger Schlaf! Hatten die Götter ihn mir gesandt, um mich zu verderben?

Verzweifelt lief ich ins Lager zurück und schrie die Gefährten an und schalt sie Toren und Lästerer. Doch was nützte es? Das Unheil war geschehen. Und entsetzliche Wunderzeichen sah ich, die den Frevel bezeugten: Die leeren Häute krochen umher, als wären sie lebendig, und an den Spießen brüllte das Fleisch!

Ein Schauder rann mir den Rücken herab. Doch die ausgehungerten Männer kümmerten sich um nichts, sie aßen, bis sie vor Müdigkeit umfielen, und wachten nur wieder auf, um weiterzuessen.

Sechs Tage lang schmausten sie so. Am siebten Tag sprang der Wind um, wir setzten Segel und gingen in See. Die Insel des Helios versank hinter uns im Meer und wir sahen nur Himmel und Wasser.

Aber droben im Olymp hatte der zornige Sonnengott bereits Anklage gegen uns erhoben. Und er drohte, seinen Sonnenwagen zum Hades hinabzulenken und der Erde nicht mehr zu leuchten, wenn die Verbrecher nicht ihre verdiente Strafe fänden. So hat es mir die göttliche Nymphe Kalypso später erzählt, die es von ihrem Freund Hermes erfahren hatte.

Da breitete Zeus schwarzblaues Gewölk über unsern Häuptern aus, das Meer färbte sich immer dunkler. Dann brach ein Orkan von Westen über uns herein und zerriss die Stütztaue am Mast. Krachend zerbrach der Mastbaum und stürzte herab auf das Schiff. Er zerschmetterte dem Steuermann am Ruder den Schädel und fegte ihn in die kochende See.

Im selben Augenblick schlug ein Blitz mitten ins Schiff,

dass die Planken nach allen Seiten flogen. Gelber, stinkender Schwefeldampf lag über den Trümmern. Die Gefährten waren ins Meer geschleudert worden, trieben im schäumenden Gischt und sanken einer nach dem andern in die Tiefe.

Ich aber hatte mich auf dem Kiel festgeklammert und sah ohnmächtig zu, wie sie verdarben. Der Mast trieb vorbei, ich erwischte ein Tau und band ihn am Kiel fest. So trieb ich dahin auf den Wogen.

Endlich legte sich der Sturm, aber nur, um dem Südwind Platz zu machen, der mir neuen Schrecken brachte; denn er trieb mich der Charybdis entgegen.

Und so kam es denn auch. Als der Morgen graute, sah ich den schrecklichen Felsen im dampfenden Gischt und spürte auch schon den Sog des furchtbaren Strudels. Er verschlang mich samt Kiel und Mast, ich schoss dahin in den Abgrund, sah plötzlich über mir grünes Laub und krallte mich fest im Geäst eines Feigenbaumes. So hing ich frei in der Luft wie eine Fledermaus.

Dann spie die Charybdis Mast und Kiel wieder aus, sie schossen unter mir durch, ich ließ mich fallen und – ritt alsbald durch die Wogen davon. Doch hätte mir Zeus nicht geholfen, ich wäre wohl dennoch nicht lebend davongekommen!

Neun Tage trieb ich umher in der See. In der zehnten Nacht lenkten die Götter mich ans Gestade der Insel Ogygia. Dort fand mich die Herrin der Insel, die göttliche Nymphe Kalypso. Sie nahm mich liebevoll auf und pflegte mich gesund und mir fehlte nichts als die Heimkehr.

Sieben Jahre brachte ich bei ihr zu, fast endlose Jahre, und sie meinte es gut und wollte mich für immer behalten. Ewige Jugend versprach sie mir, wenn ich ihre Liebe erwidern würde und gänzlich bei ihr bliebe. Aber das Heimweh verzehrte mich, ich gedachte der treuen Gattin und meiner Lieben daheim und verfiel immer mehr in Trauer.

Endlich, im achten Jahr, erschien der Bote der Götter und befahl ihr, mich heimzuschicken in das Land meiner Väter. Und ich baute ein Floß und fuhr mit ihm über die See, bis Poseidon es zerbrach und mich fast ertränkte im Sturm und ich endlich hier an euer Gestade trieb. Dort fiel ich in tiefen Schlaf nach all dem furchtbaren Elend. Und als ich erwachte, hörte ich Stimmen, vertraute Menschenlaute, und ich sah deine Tochter, König Alkinoos, mit ihren Mägden beim Ballspiel, wie eine Göttin erschien sie mir. Und sie war freundlich zu mir und lud mich ein in dein Haus – und das Weitere weißt du selbst.«

Heimkehr und Gericht

Abschied von den Phäaken

Odysseus schwieg. Die Phäaken ringsum in der Halle, gebannt von seiner Erzählung, saßen stumm, wie verzaubert. Endlich sagte der König Alkinoos:

»Sohn des Laertes, edler Odysseus, kein Gast ist mir lieber, der je mein Haus betreten hat. Von Herzen wünschen wir dir gute Heimkehr nach all den Gefahren und Leiden, dass du nun nicht mehr verschlagen wirst und daheim alles Elend vergisst. Ihr aber, meine Freunde«, wandte er sich an die Phäaken, »geht und holt nun, ein jeder aus seinem Hause, ein schönes Geschenk, einen kunstvollen Dreifuß oder ein kostbares Becken. In dieser Lade dort liegen schon teure Gewänder, Gold und andere Schätze, die für den Gast bestimmt sind. Wenn jeder sein Teil dazugibt, ist keiner zu sehr belastet.«

Damit waren alle einverstanden und sie gingen nach Haus. Am andern Morgen brachten die Phäaken ihre Geschenke aufs Schiff, und der König achtete selbst darauf, dass alles gut und sicher verstaut wurde und die Ruderer nicht behinderte.

Dann versammelten sie sich im Königspalast zum Abschiedsmahl. Erst wurde den Göttern geopfert, dann wacker geschmaust und der blinde Sänger Demodokos sang herrliche Lieder dazu.

Aber Odysseus wandte den Kopf oft zur Sonne, ob sie nicht bald unterginge, denn er wollte nach Hause. Wie ein Bauer nach schwerem Tagewerk nach dem Nachtmahl verlangt, so sehnte er sich nach der Heimkehr. Und er dankte dem König Alkinoos und seinem Volk für alles, was sie an ihm getan hatten, und wünschte den Segen der Götter herab. Dann wandte er sich zum Gehen.

Der Herold geleitete ihn zum Schiff, zwei Dienerinnen trugen das Abschiedsgeschenk der Königin. Die Seeleute breiteten für Odysseus eine Decke auf dem Achterdeck aus. Darauf legte er sich nieder, die Ruderer ergriffen die Riemen und das Schiff glitt aus dem Hafen hinaus aufs hohe Meer.

Als die Küste des Phäakenlandes immer kleiner wurde, sank Odysseus in einen tiefen, erquickenden Schlaf. Das Schiff aber eilte dahin wie ein Viergespann edler Rosse, schneller, als ein Falke fliegt, durchschnitt es die schäumende Flut. Es trug den gedankenreichen, den leiderfahrenen Mann, der im Schlaf Vergessen fand.

Heimliche Heimkehr

Als der Morgenstern am Himmel den Tag ankündigte, steuerte das Schiff schon die Insel Ithaka an. Es lief in eine geschützte Bucht ein, die nach dem Meergott Phorkys benannt war. Zwei felsige Landzungen ragten ins Meer hinaus und bildeten einen sicheren Hafen.

In der Mitte der Bucht stand ein Olivenbaum am Eingang einer Grotte. Die phäakischen Jünglinge legten den schlafenden Odysseus in seinem Schatten nieder. Die Geschenke stellten sie neben ihm auf, doch so, dass sie von draußen nicht zu sehen waren. Darauf fuhren sie ab.

Doch der Meergott Poseidon sann auf Rache. Und weil er Odysseus nicht mehr schaden konnte, hielt er sich an die Phäaken, die ihn in die Heimat gebracht hatten. Als schon die Insel Scheria, das Land der Phäaken, in Sicht war, stieg er aus der Tiefe herauf und schlug mit der flachen Hand gegen das Schiff. Da war es plötzlich mit allen Insassen in einen Felsen verwandelt und wurzelte fest im Meeresboden.

Als Odysseus endlich aus tiefem Schlaf erwachte, blickte er um sich; doch er erkannte die Heimat nicht. Allzu lange war er fort gewesen, auch hatte Athene ihn in einen Nebel gehüllt, damit ihn niemand vor der Zeit entdeckte.

Doch ihn quälte die Sorge, ob er vielleicht irgendwo in der Fremde ausgesetzt worden und einem neuen Elend preisgegeben sei. Seine Geschenke freilich standen fein säuberlich aufgebaut neben ihm. Merkwürdig war das …

Er erhob sich und ging an den Strand hinunter. Da sah er

einen Jüngling daherkommen, offenbar einen Schafhirten, aber vornehm gekleidet und von zarter Gestalt. Odysseus war froh, einem Menschen zu begegnen, und fragte ihn, wie das Land heiße und ob es eine Insel oder Festland sei.

»Du musst ja von weit her kommen, Fremder«, antwortete der Jüngling, »wenn du dies Land nicht kennst. Dabei ist es durch seine Bewohner berühmt geworden bis ans Ende der Welt. Frage nur die Trojaner, die wahrlich weit genug wohnen, ob sie wohl Ithaka kennen, die Insel, auf der einst Odysseus geherrscht hat!«

Da fiel Odysseus ein Stein vom Herzen: Er war zu Haus, in der Heimat! Doch er hütete sich, seinen Namen zu nennen, und erfand flugs eine Räubergeschichte. Von Kreta komme er mit dem Rest seiner Habe, Beutegut sei es, von Troja heimgebracht. »Aber da war ein Lump, der wollte mich darum betrügen«, fuhr er fort. »Ich aber schlug ihn tot und musste nun fliehen um der Bluttat willen. Ein phönikisches Schiff hat mich mitgenommen und hier an Land gesetzt …«

So fabulierte Odysseus drauflos. Das konnte er wirklich. Doch der Hirt lächelte nur, war plötzlich verwandelt in eine schöne Jungfrau, die strich ihm über die Wange und sagte lachend:

»Du Schlaukopf, dir fällt doch immer was ein! Kein Mensch ist so listig wie du. Wär ich nicht Pallas Athene, du hättest mich reingelegt! Aber genug davon, mich hast du doch nicht erkannt. Ich will dir helfen, Odysseus, wie ich dir immer geholfen habe, auch wenn du es nicht gewusst hast. Lass uns beraten, wie du wieder Herr wirst im eigenen Haus!«

Staunend blickte Odysseus die Göttin an. »Erhabene Tochter des Zeus!«, rief er. »Wie soll ein Sterblicher dich erkennen, wenn du bald diese, bald jene Gestalt annimmst! Habe ich dich doch seit Trojas Fall nicht mehr gesehen. Nun aber sag mir, Göttin: Bin ich wirklich nach Ithaka in meine Heimat gekommen? Alles erscheint mir so fremd.«

Da zerstreute Athene den Nebel vor seinen Augen und er erkannte das Land ringsumher, warf sich zu Boden und küsste die Erde der Heimat. Dann verbarg er mit Athenes Hilfe die mitgebrachten Schätze in der Grotte und wälzte einen großen Stein davor. Sie setzten sich unter den Olivenbaum und berieten, wie sie die Freier vertreiben könnten. Dabei erfuhr Odysseus, was sich in seinem Hause abspielte.

Mit wachsendem Grimm hatte Odysseus zugehört, was Athene berichtete. Als sie geendet hatte, rief er: »Dank dir, Göttin! Ohne dich wäre ich wohl blind in mein Verderben gerannt und gar wie Agamemnon schmählich umgekommen. Aber wenn du mir hilfst, will ich es mit dreihundert von diesen Freiern aufnehmen!«

Athene lächelte. »Ich bin bei dir«, erwiderte sie. »Aber kein Mensch auf dieser Insel darf dich erkennen, dafür werde ich erst einmal sorgen. Dann gehst du zu Eumaios, dem Schweinehirten, der treu zu dir hält. Er kann dir sagen, wie es in deinem Hause steht. Ich eile nach Sparta und rufe deinen Sohn Telemach zurück!«

Sie berührte Odysseus leicht mit ihrem Stab. Augenblicklich welkte die Haut auf seinen Gliedern, das Haar erbleichte, in den Augen erlosch der Glanz, der Rücken wölbte sich, die hohe Gestalt sank zusammen. Die Kleider wurden zu Lumpen, er trug einen Stecken in der Hand und einen geflickten Ranzen über der Schulter an einem schmutzigen Band.

So war aus dem edlen Odysseus ein namenloser, zerlumpter Bettler geworden. Kein Sterblicher konnte ihn mehr erkennen.

Der redliche Sauhirt

Odysseus in seiner Bettlergestalt stieg den steilen Pfad bergan und ging durch den Wald bis zur Arethusaquelle am Koraxfelsen, wo Eumaios seine Herde hütete. Er traf ihn vor seiner Hütte sitzend, wo er sich ein Paar Sandalen aus feinem Leder zurechtschnitt. Seine Knechte waren mit den Tieren auf der Weide. Ringsum lagen die Ställe inmitten eines großen Geheges aus Steinen.

Die Hunde waren die Ersten, die den Bettler bemerkten, bellend stürzten sie auf ihn los. Vielleicht wäre Odysseus in seinem eigenen Gehöft von Hunden angefallen worden, wenn nicht Eumaios herbeigeeilt wäre, sie zurückgerufen und mit Steinen verscheucht hätte.

»He, Alter«, rief er, »um ein Haar hätten dich die Hunde zerfleischt! Da haben wir beide noch einmal Glück gehabt – dir sind die Schmerzen, mir ist die Schande erspart geblieben. Hätte mir gerade gefehlt, ich habe auch so genug Kummer. Da sitze ich und jammere um meinen guten Herrn und mäste seine Schweine nur, damit sich andere daran voll fressen! Und wer weiß, wo er herumirrt, und er leidet vielleicht Hunger, wenn er überhaupt noch lebt! Komm, gehen wir in die Hütte, auch du wirst Hunger haben. Iss und trink dich satt, und erzähl mir, was du gelitten hast, dass du so erbärmlich aussiehst!«

Sie gingen hinein. Der Sauhirt bereitete dem Alten aus Reisig und Laub ein Lager und deckte seine eigene Bettdecke aus Ziegenfell darüber. Als Odysseus ihm danken wollte, wehrte er ab und sagte:

»Hier kriegt jeder Gast sein Recht, auch der geringste. Aber ich könnte dich reicher bewirten, wäre mein Herr nicht verschollen: Er hätte mir Haus und Hof zu eigen gegeben und eine Frau dazu. Aber er ist verdorben, wie so viele, die nach Troja zogen. Wäre doch nur die Sippschaft der treulosen Helena zugrunde gegangen!«

Und er band sich die Schürze um, ging an den Koben und holte zwei Ferkel heraus, die er für den Gast am Spieß briet. »Es ist nur Ferkelfleisch«, sagte er wie zur Entschuldigung, »denn die fetten Mastschweine fressen die frechen Freier auf, die das Gut meines Herrn verprassen!«

Und er erzählte, während Odysseus aß, was im Hause seines Herrn vorging. Schweigend hörte Odysseus zu; er verriet sich nicht, sondern sagte:

»Erzähl mir noch mehr von deinem Herrn. Ich bin viel in der Welt herumgekommen, vielleicht habe ich ihn irgendwo gesehen oder etwas von ihm gehört.«

Da rief der redliche Sauhirt: »Ach, bist du auch einer von

denen, die Lügengeschichten erfinden, um sich beliebt zu machen! Das nützt mir nichts, nur die Wahrheit kann helfen und wäre sie noch so bitter.«

»Freund«, erwiderte Odysseus, »da du so fest mit dem Schlimmsten rechnest, lass dir sagen: Odysseus kommt wieder! Ich nehme es auf meinen Eid, dass er noch in diesem Jahr heimkehrt!«

Ungläubig schüttelte Eumaios den Kopf. Zu gern wollte er den Worten glauben, doch er konnte es nicht. Und er erzählte dem Bettler von Telemach und seiner Reise nach Pylos zu Nestor und nach Sparta zum König Menelaos und dass die Freier ihm auf der Rückfahrt auflauern und ihn töten wollten. So erfuhr Odysseus alles und wob schon an seinem Plan.

Am Abend kamen die Knechte heim von der Weide. Sie trieben die Schweine ins Gehege und schlachteten einen fetten Eber zum gemeinsamen Abendessen. Noch lange lagen sie wach, während draußen der Regen rauschte, und erzählten dem alten Bettler von Odysseus, dem guten Herrn.

Vater und Sohn

Am andern Morgen saß Odysseus in der Gestalt des alten Bettlers mit Eumaios, dem redlichen Sauhirten, in der Hütte beim Frühstück. Die Knechte waren schon mit der Dämmerung aufgestanden und hatten die Herde auf die Weide getrieben.

»Ich danke dir, guter Freund«, sagte Odysseus, »dass du mich so gastlich aufgenommen hast. Aber nun will ich dir nicht länger zur Last fallen. Wenn du mir einen Begleiter mitgibst, dass ich den Weg nicht verfehle, will ich in die Stadt hinuntergehen und sehen, mir dort etwas Wein und Brot zu erbitten. Auch möchte ich gern den Palast deines Herrn besuchen und seiner Gattin erzählen, was ich über ihn weiß. Am liebsten«, fuhr er nun eifriger fort, »würde ich ja den Freiern meine Dienste anbieten. Ich kann so mancherlei und wollte mich mit Holzspalten, Feueranmachen, Bratspießwenden, Speisenvorlegen und Weinmischen schon nützlich machen. Mir genügt es ja, wenn ich als Lohn eine einfache Schlafstelle und das tägliche Brot erhalte ...«

»Alter, wo denkst du hin!«, wehrte der Sauhirt ab. »Willst du dich ganz ins Verderben stürzen? Glaubst du, die stolzen Freier wären auf deine Dienste scharf? Die haben ganz andere Diener in Hülle und Fülle, junge, geschniegelte Gecken, die nach den Wohlgerüchen Arabiens duften und ihren Herren die besten Speisen vorn und hinten hineinstopfen! Nein, bleib du nur hier, du bist mir nicht zur Last, und warte auf den guten Sohn meines Herrn.«

Draußen schlugen die Hunde an, dann wurden Schritte laut. Die Meute raste zum Tor. Aber sie schien den Ankömmling freudig zu begrüßen.

»Da kommt jemand Bekanntes«, sagte Odysseus, »es scheint ein guter Freund zu sein.«

Er hatte kaum ausgesprochen, da stand ein schöner, vornehm gekleideter Jüngling in der Tür. Eumaios sprang auf, rief: »Telemach, mein Junge!«, und umarmte ihn mit allen Zeichen der heftigen Freude. »Endlich bist du wieder da! Wie lange warst du fort, weit weg, und wie viel Angst habe ich um dich ausgestanden!«

»Schon gut, Eumaios, mein Alter«, wehrte Telemach ab. »Erzähl mir, wie es im Haus meines Vaters aussieht. Sind die Freier noch da? Was macht meine Mutter? Hält sie noch aus oder hat ein anderer sie heimgeführt?«

Odysseus wollte ihm Platz machen, aber Telemach sagte: »Bleib sitzen, Fremder, hier ist genug Raum für uns alle. Eumaios wird schon für mich sorgen.«

Der Sauhirt rückte geschwind einen Sitz für seinen jungen Herrn heran und stellte eine Schüssel mit Fleisch, den Brotkorb und eine Kanne Wein vor ihn hin. Während Telemach aß, betrachtete Odysseus verstohlen seinen Sohn, seine schöne, stattliche Gestalt, und seine Augen wurden feucht vor Freude.

Dann fragte Telemach den Sauhirten, wer der Fremde sei, und Eumaios berichtete, was er über ihn wusste. »Er will in die Stadt hinunter und den Freiern seine Dienste anbieten«, schloss er. »Aber du wirst ihn gewiss beschützen.«

Unmutig erwiderte Telemach: »Wie kann ich das? Ja, wenn ich Herr im eigenen Hause wäre! Aber die frechen Freier tun ja doch, was sie wollen.«

Hier mischte Odysseus sich ein und fragte listig: »Wie kann das sein, junger Herr? Bist du im Volke verhasst oder liegst im Streit mit den Brüdern, dass du nicht durchgreifen kannst? Wär ich so jung wie du und es bestünde noch

Hoffnung auf Rückkehr meines Vaters – und sie besteht ja noch! –, mit dem Schwerte ging ich dazwischen! Lieber bliebe ich tot, als dass ich zusehen müsste, wie sie das Gut meines Vaters verprassen!«

Beschämt senkte Telemach den Kopf. »Es sind ihrer zu viele«, sagte er leise. »Sie werben um die Hand der Mutter, aber sie weicht ihnen aus und bald wird mein Haus und Gut verwüstet sein.«

Dann wandte er sich an den Sauhirten und trug ihm auf, in die Stadt zu gehen und seiner Mutter auszurichten, dass er aus Sparta zurück sei. Doch solle es ja kein Freier erfahren.

Eumaios band sich seine neuen Sandalen an die Füße, nahm seinen Speer von der Wand und eilte davon.

Während Telemach mit Eumaios sprach, war Odysseus zum Tor gegangen. Dort stand eine Frau, die ihm gewinkt hatte. Winselnd zogen sich die Hunde, die zunächst auf sie losgehen wollten, in den Hof zurück.

Es war Athene. Sie zeigte sich nur Odysseus, Telemach sah sie nicht. Sie sagte. »Es ist Zeit, mein Freund, dass du dich deinem Sohn zu erkennen gibst. Macht nun euren Plan, wie ihr die Freier vernichtet, und rechnet mit meiner Hilfe.« Damit berührte sie Odysseus mit ihrem Stab und sogleich war aus dem alten Bettler wieder der königliche Mann geworden.

Als er die Hütte betrat, starrte ihn Telemach an. »Bist du es nun oder nicht?«, fragte er fassungslos. »Sah ich nicht dein Gesicht, nur alt, bei dem Bettler, Fremder? Oder bist du etwa ein Gott, der sich verwandeln kann? Dann sei uns Sterblichen gnädig!«

»Nein, ein Gott bin ich nicht«, sagte Odysseus erschüttert. »Aber dein Vater bin ich, Telemach, mein Sohn, um den du so viel gebangt und Demütigung erlitten hast!« Und er zog ihn in seine Arme und küsste ihn auf die Wangen und wehrte den Tränen nicht.

Telemach, zwischen Freude und Zweifel noch schwankend, entzog sich ihm nicht. »Aber wie ist es möglich«, fragte er, »eben noch sah ich dich alt und als Bettler gekleidet – und jetzt stehst du wie ein Herrscher vor mir …«

Odysseus entgegnete: »Das ist das Werk der Göttin Athene, mein Sohn. Sie hat mir immer geholfen. Leicht ist es für die Götter, einen Sterblichen so zu verwandeln. Ich bin Odysseus, dein Vater, der dich vor zwanzig Jahren verließ!«

Da erst erwiderte Telemach die Umarmung, Vater und Sohn hielten sich eng umschlungen und weinten vor Freude und Schmerz.

Lange standen sie so. Dann lösten sie die Umarmung und Odysseus begann zu erzählen. Am Abend erst fingen sie an, Pläne zu schmieden für die Vernichtung der Freier. Und Odysseus ermahnte den Sohn zur Verschwiegenheit, niemand durfte von seiner Rückkehr wissen, weder der Sauhirt Eumaios noch der Vater Laertes, nicht einmal seine Gattin Penelope. Der Plan, den Odysseus erdachte, war gut, doch er war auch gefährlich. Das Wichtigste war Überraschung, dann konnte alles gelingen.

Als der redliche Sauhirt Eumaios in der Nacht zurückkam, hatte Athene Odysseus längst wieder in den alten Bettler verwandelt.

Bettler im eigenen Haus

Am andern Morgen in aller Frühe machte sich Telemach auf, seine Mutter zu besuchen. Er trug Eumaios auf, den alten Bettler gegen Mittag in die Stadt zu geleiten, wie es sein Wunsch sei; dabei zwinkerte er Odysseus zu.

Als der Sauhirt die Schweine versorgt hatte, brachen die beiden Alten ebenfalls auf zur Stadt. Sie begegneten unterwegs an einem Brunnen dem Ziegenhirten Melantheus, der den Freiern stets die besten Ziegen brachte. Als er die beiden sah, rief er seinen Begleitern zu: »Seht doch die zwei Vogelscheuchen! Gleich und Gleich gesellt sich gern. Nun, du duftender Sauhirt, wohin führst du den dreckigen Lümmel?« Und er trat dem alten Bettler ins Hinterteil und wunderte sich, dass der keineswegs umfiel, sondern ruhig weiterging, ohne ihn zu beachten. Schwer genug musste Odysseus sich beherrschen!

Dann hatten sie die Stadt erreicht. Als sie sich dem Palast näherten, hörte Odysseus die Klänge einer Leier und erkannte die Stimme des Sängers Phemios, der den Freiern die Zeit verkürzte. Duft von gebratenem Fleisch wehte ihnen entgegen.

Wehmut und Zorn stritten sich nun in der Brust des Heimkehrers. Er bat Eumaios voranzugehen, er wolle draußen warten, bis er ihn hereinriefe. Langsam ließ er die Augen wandern und nahm den so lange entbehrten Anblick in sich auf.

Da fiel sein Blick zur Seite in einen Winkel, in dem ein alter

Hund lag. Verlaust und räudig war sein Fell, die Rippen traten hervor, aber er hob den Kopf und wedelte mit dem Schwanz. Argos!, durchfuhr es Odysseus. Das war sein alter, treuer Jagdhund Argos! Er trat zu ihm hin, tätschelte ihm den Kopf und sagte: »Argos, mein Guter!«

Der treue Hund versuchte, sich aufzurichten, aber er war zu schwach. Doch vor Freude, dass er nach zwanzig Jahren seinen Herrn wieder gesehen hatte, brachen ihm Auge und Herz. Er streckte sich und war tot.

Da winkte Eumaios ihm zu und Odysseus in seiner Bettlergestalt trat über die Schwelle seines Hauses. Gleich neben der Tür hockte er sich nieder. Auf Telemachs Geheiß brachte Eumaios ihm Fleisch und Brot. Während er aß, betrachtete Odysseus still das Treiben in seiner Halle: Da saßen wohl hundert Freier und prassten von seinem Gut und tranken seinen Wein und taten ganz so, als gehörte das alles ihnen. Der Sänger Phemios sang zur Leier, doch vieles ging unter im wüsten Geschrei der Zecher.

Da raunte Athene ihm ins Ohr, er solle nun wie ein richtiger Bettler durch die Reihen der Freier gehen und sie um Brosamen bitten. »Damit du sie kennen lernst«, schloss sie, »und die Spreu vom Weizen scheidest.«

Und Odysseus ging durch die Reihen der Zecher und streckte die Hand aus. Wie ein richtiger Bettler musste er nun Gespött und Erniedrigung erdulden. Antinoos warf einen Schemel nach ihm und traf ihn hart an der Schulter; aber Odysseus rührte sich nicht und schüttelte nur den Kopf, der voll war von Racheplänen.

Als er wieder seinen Platz an der Tür einnehmen wollte, saß da ein fetter Mann von riesigem Wuchs und empfing ihn mit zornigen Worten. Es war Iros, der Bettler des Ortes, der sich verdrängt und geschädigt fühlte.

»Reg dich nicht auf«, erwiderte Odysseus ruhig, »hier ist Platz genug für uns beide. Rück ein wenig zur Seite, du Fettberg!«

Doch der riesige Kerl beschimpfte ihn nur unflätig. Die Freier hörten den Streit und lachten lauthals und wollten die beiden Bettler kämpfen sehen. Und der Riese stellte sich auf und ruderte mit den Armen und prahlte mit seiner Kraft, die er doch schon dazu verbrauchte, all sein Fleisch und Fett zu schleppen.

Odysseus sagte kein Wort. Er schlug ihm die Faust hinters Ohr, dass der Fettberg zu Boden ging. Die Freier klatschten und grölten Beifall. Odysseus packte Iros am Fuß und schleifte ihn über die Schwelle hinaus in den Hof. Dort lehnte er ihn an die Mauer, drückte ihm einen Stab in die Hand und sagte:

»Da kannst du sitzen und Schweine und Hunde abwehren, du Großmaul. Aber spiel dich nicht zum Herrn der Bettler auf!«

Dann nahm er seinen Platz an der Tür wieder ein. Als ein Freier ihn lobte, sagte er laut: »Das mag sich mancher zu Herzen nehmen. Nichts ist vergänglicher als der Mensch. Er soll sich hüten, mit seiner Kraft zu prahlen und mit seinem Glück! Morgen schon kann das Unheil über ihn kommen!« Aber die Freier lachten nur und spürten nicht das Verhängnis, das ihnen nahe war.

Droben in ihrem Gemach hatte Penelope den Lärm in der Halle gehört und erfahren, ein fremder Bettler sei dort misshandelt worden. Und sie beschloss, wenn die Freier verschwunden wären, selbst nach dem Bettler zu sehen.

Drunten leerte sich langsam die Halle. Die Freier, trunken vom vielen Wein, schwankten lärmend von dannen, um ihren Rausch auszuschlafen. Telemach blieb allein zurück, mit ihm nur der alte Bettler. Leise nahmen die beiden nun die Waffen ringsum von den Wänden und trugen sie fort in die Waffenkammer. Nur zwei Schwerter, zwei Speere und Schilde ließen sie zurück, die wollten sie selbst benutzen, wenn die Stunde schlug.

Dann ging Telemach schlafen. Odysseus saß nun allein vor dem Feuer der Halle, stützte den Kopf in die Hände und sann lange nach. Um ihn herum sah es wüst aus, Knochen und Essensreste lagen in Lachen von Wein auf dem Boden, die Tische waren nicht abgeräumt, die Freier hatten alles stehen und liegen lassen in ihrer Trunkenheit.

Plötzlich erschien Penelope. Eine Dienerin trug ihr den Sessel, rückte ihn neben das Feuer und legte den Schafspelz darauf. Penelope setzte sich nieder. Nun, von den Flammen beleuchtet, erschien sie ihm jung und schön wie die Göttin Aphrodite. Und während die Dienerinnen die Halle aufräumten und für Licht und Heizung sorgten, fragte Penelope den alten Bettler, woher er komme.

Und Odysseus erzählte noch einmal das Märchen von Kreta und mischte Wahres darunter und sagte, er habe vor langen Jahren Odysseus gesehen, als er von Troja gekommen sei, und ihn in seinem Hause bewirtet. Dabei beschrieb er ihn so genau, dass Penelope nicht mehr zweifeln konnte.

Als er dann schloss: »So gewiss, wie ich hier vor dir sitze, wird er bald heimkehren«, fing sie an zu weinen. »Nie«, sprach sie, »wird das geschehen, ich habe die Hoffnung verloren!«

Sie befahl nun den Mägden, dem Fremden ein gutes Lager zu richten, aber er lehnte ab. Nur dass ihm die alte Dienerin Eurykleia die Füße wusch, wollte er dulden. Zu spät fiel ihm ein, dass ihn die Alte schon als Kind gebadet hatte und seine Narbe kannte, die ihm ein Eber einst über dem Knie gerissen hatte.

Als nun die treue Dienerin die Schüssel mit warmem Wasser brachte, rückte er seitwärts ins Dunkel, damit kein Licht darauf falle. Doch kaum hatte die Alte mit den Fingern die Narbe erfühlt, als sie vor Freude und Schreck den Fuß fallen ließ. Laut erdröhnte das Erz der Schüssel, das Wasser rann auf die Erde.

»Kind, du bist es, Odysseus«, schluchzte sie unter Tränen, »meine Hände sagen es mir!«

Odysseus hielt ihr die Hand auf den Mund und flüsterte: »Still, Mütterchen, willst du uns alle verderben? Keiner darf es wissen, auch Penelope nicht, bis die Freier vernichtet sind!«

Und die Alte verstand ihn sogleich und schwieg still. Nur ihre Augen leuchteten, als sie neues Wasser holte, da das alte verschüttet war. Penelope aber hatte von all dem gar nichts bemerkt; denn Athene hatte sie abgelenkt.

Als die Waschung beendet war, rückte Odysseus wieder

ans Feuer, wo Penelope saß. Und sie sprachen noch lange miteinander von der Heimkehr des edlen Odysseus. Er wollte ihr Hoffnung machen, sie konnte nicht daran glauben. Dann ging Penelope in ihr Gemach.

Odysseus fand lange keinen Schlaf, sein Zorn ließ ihm keine Ruhe. Da stand er auf, ging hinaus, hob die Hände zum Himmel und bat den Göttervater Zeus um ein Zeichen, dass seine Leiden und seine Schmach nun ein Ende haben sollten. Und vom wolkenlosen Nachthimmel dröhnte ein Donner herab. Da freute sich Odysseus, denn er wusste, dass der Tag der Vergeltung anbrach.

Der Bogen des Odysseus

Am andern Tage sollte das Neumondfest gefeiert werden. Schon in aller Frühe waren die Mägde auf den Beinen, um alles vorzubereiten, geschäftiges Treiben herrschte.

Als alle Freier versammelt waren, trat Telemach vor sie hin und erklärte: »Hört mich an, ihr Freier aus Ithaka, aus Zakynthos, Same und Dulichion. Meine Mutter, die edle Tochter des Ikarios, hat sich entschlossen, dem Besten unter euch in sein Haus zu folgen.«

Lachen und Lärm brandeten auf. Jeder der Freier glaubte sich schon am Ziel seiner Wünsche. Sie schlugen sich auf die Schenkel, schlangen gierig das Fleisch hinunter und tranken den Wein wie Wasser. Nur der Seher Theoklymenos schwieg mit entsetzter Miene. Er hatte plötzlich ein Gesicht.

»Wehe, was ich sehe«, rief er, »Wände voll Blut und Gestalten wie Schatten und die Sonne am Himmel erloschen!«

Doch die Freier schrien ihn nieder und schmähten ihn und schalten, er solle sich hinausscheren, wenn ihm das nicht gefalle, was er hier sehe. Abwehrend hob er die Hände und rief: »Ich gehe schon ganz von allein. Euch allen hier droht Verderben, doch ihr entgeht ihm nicht!« Eilig verließ er die Halle. Die Freier lärmten weiter.

Jetzt war Penelopes Zeit gekommen. Ihr hatte Athene im Traum einen Gedanken gegeben, wie sie die Freier auf die Probe stellen könne. Sie trat in die Halle, gefolgt von zwei Dienerinnen, die einen mächtigen Bogen trugen. Nun hob sie die Hand, Stille trat ein und sie sprach mit fester Stimme:

»Wohlan, ihr Freier, wer meine Hand erringen will, der stelle sich diesem Wettkampf. Hier ist der Bogen meines Gemahls, des Helden Odysseus. Wer ihn spannt und den Pfeil durch die Ösen von zwölf Äxten, die hintereinander aufgestellt sind, schießt, dem will ich als Gattin in sein Haus folgen!«

Und sie nahm den Bogen und gab ihn dem treuen Sauhirten Eumaios und Philoitios, dem Rinderhirten. Tränenden Auges brachten sie ihn den Freiern und machten sich daran, die Äxte in den Boden zu rammen, zwölf hintereinander, genau nach der Schnur gerichtet.

Da trat Telemach vor und sagte: »Wahrhaftig, ich hätte wohl Lust, mich im Wettkampf mit euch zu messen. Gelänge mir der Schuss, so sollte die Mutter mir bleiben!« Und er griff nach dem mächtigen Bogen und stellte sich auf die

Schwelle. Dreimal versuchte er, ihn zu spannen, dreimal vergeblich. Beim vierten Mal wäre es ihm fast gelungen, aber ein Wink seines Vaters hielt ihn zurück. »Ihr Götter«, rief er, »entweder bin ich zu schwach oder ich bin noch zu jung, den Bogen zu spannen. Also versucht ihr es denn, die ihr stärker seid als ich!«

Als Erster versuchte sich Leiodes, ein Opferpriester, dem das Treiben der Freier als Einzigem zuwider war. Er trat auf die Schwelle, strengte sich mächtig an, konnte jedoch den Bogen nicht spannen. Keuchend gab er ihn ab und sagte: »Versuch es ein andrer, ich bin nicht der Rechte dafür. Vielleicht kann es keiner von uns allen!«

Antinoos schalt ihn und ließ ein Feuer anzünden, den Bogen mit Speck einreiben und über dem Feuer erwärmen, damit er sich leichter biege. Aber es war umsonst. Vergeblich versuchte ein Freier nach dem andern, den mächtigen Bogen zu spannen.

Unterdes war Odysseus den beiden Hirten nach draußen gefolgt und sprach zu ihnen ganz leise: »Freunde, ihr seid verschwiegen und treu, Eumaios und du, Philoitios. Euch kann ich fragen: Was würdet ihr tun, wenn ein Gott euch plötzlich euren Herrn zurückbrächte? Wenn Odysseus hier vor euch stünde – würdet ihr zu ihm halten oder die Freier beschützen! Sagt offen eure Meinung!«

Freudig bekannten beide, dass sie ihr Leben gäben für ihren Herrn, wenn er nur endlich käme.

Da riss Odysseus die Lumpen vom Bein und zeigte seine Narbe und sagte: »Ich bin's, euer Herr, hier seht ihr, ich bin

Odysseus.« Und er umarmte die beiden, die weinten vor Rührung und Freude, und verriet ihnen seinen Plan, wie er die Freier vernichten wollte.

»Du, Eumaios«, sagte er, »gibst mir den Bogen, was die Freier auch zetern, und sorgst dafür, dass der Hinterausgang verschlossen ist. Und dir, Philoitios, sei das Hoftor anvertraut; riegele es zu und binde es fest mit Seilen.«

Odysseus in seiner Bettlergestalt ging in die Halle zurück. Dort war der Letzte der Freier eben noch damit beschäftigt, sich an dem Bogen zu versuchen. Vergeblich. Nur noch Antinoos blieb als Einziger übrig. Doch ihm sank der Mut, er schlug vor, den Kampf auf den nächsten Tag zu verschieben. Mit frischer Kraft wollten sie alle es nochmals versuchen. Jetzt aber solle das Fest gefeiert werden und der Becher kreisen.

Da trat Odysseus vor: Er wolle den Bogen versuchen.

»Elender«, rief Antinoos, »bist du von Sinnen? Ein Bettler will sich im Kampf mit den Edlen messen? Betört dich der Wein?«

Doch Penelope gebot mit ruhiger Stimme, der Fremde solle nicht ausgeschlossen werden, das sei gegen das Gastrecht.

Jetzt griff auch Telemach ein und verwies Antinoos zur Ruhe, er sei nicht Herr hier im Haus. Dann bat er seine Mutter, sich in ihre Gemächer zurückzuziehen. »Was jetzt kommt«, fügte er hinzu, »ist ein Werk nur für Männer.«

Penelope erhob sich und ging. Eumaios brachte Odysseus den Bogen und raunte ihm zu, es sei alles bereit, die

Ausgänge fest verschlossen. Die Freier fügten sich halb lachend, halb ärgerlich und blickten auf den zerlumpten Bettler, der nun den mächtigen Bogen ergriff.

Er wog ihn in der Hand, stellte ein Ende auf die Erde, ergriff mit der Linken die Sehne, mit der Rechten bog er das obere Ende nieder, er spannte den Bogen, als wäre es nichts, und legte die Sehne um. Dann prüfte er den Klang der Bogensehne, wie der Sänger die Saite der Leier prüft. Sie gab einen herrischen Ton von sich, die Freier zuckten zusammen. Vom Himmel rollte ein Donner herab. Da erbleichten die Freier.

Odysseus nahm den Pfeil aus dem Köcher, legte ihn auf die Sehne spannte die Sehne weit und schoss, mit sicherem Auge zielend, den Pfeil ab. Der fuhr zischend durchs vorderste Öhr und durch alle elf andern und flog davon ins Weite.

Odysseus winkte dem Sohn. Schnell warf Telemach sich sein Schwert um, griff nach dem Speer und trat, so gewappnet, neben den Vater. Der Kampf begann.

Die Rache

Odysseus streifte die Lumpen ab. Er sprang auf die Schwelle, schüttelte die Pfeile aus dem Köcher vor seinen Füßen aus und rief mit mächtiger Stimme: »Der erste Wettkampf ist nun vorbei, jetzt gelten neue Ziele!« Und er hob den Bogen und sandte den Pfeil in die Menge. Soeben führte Antinoos den goldenen Becher zum Munde. Da fuhr ihm der Pfeil in die Gurgel, dass die Spitze im Nacken herauskam. Der Becher entfiel seiner Hand, rot floss der Wein auf die Erde, röter noch schoss das Blut ihm aus Mund und Nase. Er fiel und riss den Tisch mit zu Boden.

Entsetzen lähmte die Freier. Nur einer schrie laut: »Verfluchter Narr! Kannst du nicht besser zielen? Die Geier sollen dich fressen, das war dein letzter Schuss!« Er glaubte wohl an ein Versehen, der Tor, so wenig begriff er sein Schicksal.

Mit Donnerstimme rief Odysseus: »Ihr Hunde, ihr habt gedacht, ich käme nimmermehr heim von Troja! Deshalb verprasst ihr mein Gut, verführt mein Gesinde, schamlos umwerbt ihr mein Weib, obwohl ich noch lebe! Ihr habt nicht den Zorn der Götter gescheut und nicht die Rache der Menschen – jetzt kommt die Stunde des Gerichts!«

Die Freier sprangen auf von ihren Sitzen, schreckensbleich starrten sie auf die leeren Wände und spähten vergebens nach Waffen. Die Türen waren versperrt, auf der Schwelle stand der furchtbare Mann, er war es wirklich, Odysseus!

Vergeblich versuchte Eurymachos, alle Schuld auf den toten Antinoos abzuwälzen. Als er sah, dass es kein Erbarmen und keinen Ausweg gab, zog er sein Schwert und stürmte auf Odysseus los. Da durchbohrte ein Pfeil ihm die Brust.

Das war das Signal zu dem ungleichen Kampf. Die Tapferen unter den Freiern drangen gegen Odysseus vor, um ihn von der Tür zu verdrängen. Die Feigen verkrochen sich unter die Tische und hofften so zu entrinnen.

Odysseus aber stand in der Tür und sandte Pfeil auf Pfeil ab. Alle fanden ihr Ziel, es konnte keiner entkommen. Als die Pfeile zu Ende gingen, reichte Telemach dem Vater Schwert und Helm, Schild und Speer und eine blitzende Rüstung, die er aus der Waffenkammer geholt hatte. Auch die Hirten waren in Waffen. Sogar Athene kämpfte mit, in der Gestalt des alten Freundes Mentor.

Noch rannten die Tapferen gegen sie an mit Speeren, die sie aus den Leibern der Gefallenen zogen. Aber sie fielen Mann um Mann unter Odysseus' mächtigen Streichen. Telemach mähte neben dem Vater, auch die Hirten hielten wacker stand. Dann traf das Verderben die Feigen, die sich verkrochen hatten. Keiner entrann seinem Geschick.

Nur der Sänger Phemios und der Herold wurden verschont, weil Telemach für sie bat.

Odysseus setzte den Helm ab und wischte den Schweiß von der Stirn. Seine Augen glänzten wie Feuer, sie sahen keinen Feind mehr am Leben. In der weiten Halle lagen sie tot, die Freier, in ihrem Blut. Odysseus, der König, war heimgekehrt und hatte Gericht gehalten.

Odysseus und Penelope

Noch in der Nacht versammelte Odysseus das Gesinde und bestrafte diejenigen, die treulos zu den Freiern gehalten hatten. Dann säuberten alle die Halle mit Feuer und Schwefel. Als die Arbeit getan war, umringten sie ihren Herrn und küssten ihm weinend die Hände. Die meisten kannte Odysseus noch. Auch ihm rannen vor Freude die Tränen.

Erst als die Morgenröte erschien, ließ er Penelope wecken. Die alte Dienerin Eurykleia trippelte hurtig die Treppen hinauf, fast versagten die Knie ihr den Dienst, und trat an ihr Lager.

»Wach auf, liebe Tochter, Penelope«, sagte sie mit bebender Stimme, »der große Tag ist gekommen! Odysseus, dein Gatte, ist heimgekehrt, die Freier liegen erschlagen!«

Penelope rieb sich den Schlaf aus den Augen und entgegnete: »Du bist doch närrisch, Mütterchen, die Götter haben dir den Geist verwirrt. Geh, lass mich schlafen ...«

»Nein!«, rief die Alte. »Penelope, es ist Wahrheit, was ich dir sage!« Und sie erzählte mit fliegendem Atem, wie sich alles zugetragen hatte. Unterdes war Penelope aufgestanden, hatte sich gewaschen und geschmückt und folgte nun klopfenden Herzens der alten Dienerin in die Halle hinunter.

Dort sah sie den alten Bettler wieder, den sie schon kannte. Das sollte Odysseus sein, ihr herrlicher Gemahl? Und wenn Betrug sie narrte? Schweigend saß sie ihm gegenüber, von schweren Zweifeln erfüllt.

Telemach schalt seine Mutter gefühllos und hart. Doch Odysseus wies ihn zurück. »Sie hat Recht«, sagte er, »mich zu prüfen. In Lumpen bin ich ihr fremd. Wir haben untrügliche Zeichen, an denen wir uns erkennen. Warte nur ab!«

Und er ließ sich ein Bad richten und kehrte bald darauf, verjüngt und verschönt, in stattlichen Kleidern zurück. Penelope senkte die Augen. Schon standen die Zweifel in ihrem Herzen. Und um ihn zu prüfen, sagte sie zu Eurykleia:

»Geh, Mütterchen, bereite ihm das Lager, doch nicht in meiner Kammer. Tragt das Bett hinaus und bedeckt es mit Fellen und Tüchern!«

Da fuhr Odysseus zornig auf und rief: »Weib, wie ist das möglich? Wer hat mir das Bett verrückt?« Denn er hatte einst sein Schlafgemach um einen großen Olivenbaum herum erbaut und den Stamm zum Bettpfosten gemacht, sodass niemand sein Bett von der Stelle rücken konnte.

Da endlich erkannte Penelope, dass es Odysseus war. Weinend warf sie sich ihm in die Arme, rief: »Verzeih meine Zweifel, ich hatte schreckliche Angst, getäuscht zu werden!«, und barg den Kopf an seiner Brust.

Nun rannen beiden die Tränen, sie hielten sich lange umschlungen und küssten sich. Wie der Schiffbrüchige nach langer Irrfahrt das Ufer begrüßt, so willkommen war einem jeden der Gatte, und er wollte nicht mehr von ihm lassen.

Odysseus, der leidgeprüfte, war heimgekehrt in sein Haus. Anderntags suchte er seinen alten Vater Laertes auf, und auch ihn musste er erst durch untrügliche Zeichen überzeugen, dass er sein Sohn Odysseus war. Dann war der Greis selig vor Glück.

Noch einmal drohte das Unheil, als die Angehörigen der Erschlagenen Rache nehmen wollten. Fast wäre es zu einem schweren Kampf gekommen. Doch Zeus grollte mit Donner und Blitz vom Himmel herab und Athene trat zwischen die Streitenden und mahnte zum Frieden.

Da wurde Landfrieden geschlossen zwischen Odysseus und seinem Volk. Sie huldigten ihm als ihrem Herrn, der endlich heimgekehrt war.

Lange, glückliche Jahre lebte Odysseus mit seiner Gattin als König in Ithaka, bis ihn im hohen Alter ein sanfter Tod hinwegnahm.